KB161240

온택트 리더십
리더의 온라인
회의 기술

온택트 리더십
리더의 온라인
회의 기술

초판 1쇄 인쇄 2020년 12월 17일
초판 1쇄 발행 2020년 12월 24일

지은이 김철수, 허일무
펴낸이 최익성
편집 강송희
마케팅 임동건, 임주성, 홍국주, 신현아, 송준기, 임정혁
마케팅 지원 황예지, 신원기, 박주현, 이혜연, 김미나, 이현아, 안보라
경영지원 이순미
펴낸곳 플랜비디자인
디자인 빅웨이브

출판등록 제 2016-000001호
주소 경기도 화성시 동탄반석로 277
전화 031-8050-0508
팩스 02-2179-8994
이메일 planbdesigncompany@gmail.com

ISBN 979-11-89580-61-2

이 도서의 국립중앙도서관 출판예정도서목록(CIP)은 서지정보유통지원시스템
홈페이지(http://seoji.nl.go.kr)와 국가자료종합목록 구축시스템(http://kolis-net.nl.go.kr)에서
이용하실 수 있습니다. (CIP제어번호 : CIP2020052342)

온택트 리더십
리더의 온라인
회의 기술

ONTACT
— LEADERSHIP —

김철수·허일무 지음

PlanB
DESIGN 플랜비디자인

코로나19 바이러스의 확산과 일상화는 비즈니스 현장을 이전에 경험해 보지 못한 변화의 소용돌이로 몰아넣고 있다. 불확실성과 변화는 더 높아지고 가속화되고 있다. 이런 상황에서도 변하지 않는 것은 리더십의 본질이다. 리더는 구성원들이 변화를 통해 조직목표를 달성하도록 영향력을 행사하며 이끌어야 한다. 하지만 진화생물학점 관점에서 보면 생명체가 위기를 맞아 새로운 조합과 변이를 시도하여 번성하듯 리더에게도 변화된 환경에 맞는 전략과 역량 그리고 리더십 패러다임이 필요하다. 그렇지 않으면 조직이 쇠퇴하거나 축소되기 때문이다.

코로나 팬데믹으로 언택트가 일상화되면서 비즈니스와 리더십의 안전지대가 온택트로 이동하고 있다. 특히 원격근무와 재택근무가 확산되면서 조직 내외부의 커뮤니케이션 방식이 오프라인에서 온라인으로 급격하게 옮겨가고 있다. 이런 변화 속에서 리더들은 불확실성과 모호함을 핑계로 과거의 방식을 고수할 것인가 아니면 새로운 역량과 리더십을 개발하여 먼저 시도하고 지혜를 얻어 앞으로 나아갈 것인가 선택의 기로에 놓여 있다.

세계적인 디자인 회사 아이데오IDEO가 혁신하는 방법은 "빨리 실패하고 자주 실패하라"이다. 지금 리더들에게 필요한 것이 아이데오의 정신이다. 코로나19로 인한 불확실성을 두려워하고 검증되지 않았다는 이유로 새로운 방식과 관행을 회피하며 과거에 머물러 있기 보다는 남들보다 먼저 경험하고 시도하며 실패를 자산으로 만들어야 한다.

특히 온라인 회의는 조직의 목표를 달성하기 위해 리더가 적극적으로 학습하고 받아들여야 하는 전략이자 리더십 역량이 되었다. 하지만 자체 설문조사 결과 많은 리더들은 여전히 온라인 회의를 면대면 회의를 임시로 대체하는 방법 정도로 가볍게 여기며 과거의 면대면 회의방식에서 벗어나지 않고 있다. 리더의 이런 태도는 구성원들의 몰입과 참여를 방해하고 온라인 회의에서 얻을 수 있는 리더십의 새로운 기회를 활용하지 못하게 만든다. 한편, 온라인회의를 효과적으로 운영하기 위해 노력하는 리더들이 마땅히 참고하거나 학습할 수 있는 자료가 없는 것도 문제다.

〈온택트 리더십, 리더의 온라인 회의 기술〉은 이와 같은 온라인 회의의 문제점과 리더들의 고민을 해결하기 위해 애자일 하게 준비된 솔루션이다. 이 책은 코로나 이후 조직의 비즈니스와 업무환경이 어떻게 변화하고 있는지, 이런 변화 속에 왜 리더들이 온라인 회의에 관심을 갖고 역량을 개발해야 되는지, 새로운 리더십 패러다임 '온택트 리더십'이 왜 중요하고 어떤 행동들을 요구하는지, 온라인 회의를 효과적으로 운영하기 위한 기본적인 지식과 기술은 무엇인지, 그리고 마지막으로 온라인 회의를 참여와 몰입으로 안내하는 다양한 온라인 퍼실리테이션 툴과 앱을 활용하는 방법을 소개한다.

이 책은 완성도가 높지 않다는 것을 솔직하게 고백한다. 그것은 변화는 완벽이 아니라 타이밍이 중요하다는 우리의 철학과 신념이 반영되었기 때문이다. 많은 리너들이 과거의 오프라인 회의의 잘못된 방식을 답습하여 온라인 회의를 비효율적으로 운영하는 것을 방지하고, 온라인 회의 운영 방법을 알고 싶어하는 리더들의 갈증을 해결하는 데 지금이 적절한 시기라고 판단했다.

그래도 이 책이 실험정신을 갖고 변화를 추구하는 리더들에게는 도움이 될 것이라고 생각한다. 어떤 독자들은 이 책을 읽으면서 오프라인 회의와 온라인 회의에서 리더의 역할과 리더십에 어떤 차이가 있는지 질문을 던질 수도 있다. 이 질문에 대한 대답은 결론부터 얘기하면 "다르지 않다"이다. 그것은 회의의 본질은 바뀌지 않기 때문이다. 다만 온라인이 갖고 있는 제약과 한계를 극복하기 위해서 리더가 사람과 기술과 도구에 더 관심을 가져야 한다는 것을 강조하고 싶다.

온(on+溫)택트 리더십

★ ★ ★

업무몰입, 창의적 아이디어, 변화촉진, 조직성과

구성원의 자기결정성 ＋ 심리적 안전감

On-Facilitation

溫-택트

On-Care &
Consideration　On-Empowerment

On-택트

온라인 회의 실전 기술
온라인 회의 툴과 유틸

CONTENTS

PART 3

리더가 꼭 써야 할
온라인 툴 4선

PART 4

작지만 차이를 만드는
유틸 5선

ONTACT
LEADERSHIP

리더의 온라인 회의와
온택트 리더십

왜 온라인 회의에
관심을 가져야 하는가?

 원격 근무와 온라인 회의가 노멀Normal

직장인 A씨는 한 글로벌 기업의 매니저다. 하루 일과는 온라인 회의로 시작해서 온라인 회의로 마무리된다. 매일 아침 자신이 주관하는 팀 일 일회의로 하루를 시작한다. 매주 팀원 개인의 성과관리를 위한 일대일 one on one미팅과 팀원 전원이 참석하는 주간업무회의를 주재한다. 격주 로 해외 본사가 주최하는 매니저 회의에 참석한다.

학습도 온라인으로 한다. 회사에서 직무와 직급에 적합한 온라인 교 육과정 리스트를 제공하면 본인이 수강하고 싶은 과정을 직접 선택하여 학습한다. 가끔은 회사의 내부 퍼실리테이터가 특정 주제를 갖고 진행 하는 웨비나에 참가한다. 조를 나누어 토론방으로 들어가 제한된 시간 에 대화를 나누어 정리해서 발표도 하고 의견도 교환한다.

이제 모든 것이 온라인으로 이루어지는 직장인 A씨의 일상이 뉴노멀이 아닌 노멀이 되고 있다. 전문가들은 진정한 21세기는 코로나19로 시작되었다고 말한다. 상용화 단계에 있던 IT 기술들이 기업의 업무와 비즈니스 현장에 적용되면서 대중화되고 있기 때문이다.

이제 바야흐로 기술로 연결된 기술 중심 시대가 되었다. 코로나19로 비대면 문화가 퍼지는 가운데 여러가지 부작용을 이유로 생각만 하고 시행하지 않았던 재택근무와 온라인 회의가 확산되고 전형적인 직장의 모습에 변화가 일어나고 있다.

구글, 골드만 삭스, HSBC, 스탠다드차타드, P&G, 트위터 등 세계적인 기업은 모두 원격근무를 확대하겠다고 발표했다. 일본의 통신사 NTT도코모는 20만 명에 달하는 종업원들을 대상으로 재택근무제를 시행하고 있으며, GMO 인터넷 그룹 역시 4000여 명의 전직원이 재택근무를 하도록 했다. 더 나아가 페이스북은 전체의 절반 정도 인력을 2030년까지 원격근무로 전환하겠다고 밝혔다. 제조기업인 도요타도 전 직원의 3분의 1까지 재택근무를 시행한다고 하니 이제 원격근무는 거스를 수 없는 변화다.[1]

미국정보기술 연구기업 가트너의 설문 결과를 보면, 가장 보수적인 집단인 CFO들조차 코로나 이후 기존의 업무환경이 원격근무가 가능한 형태로 영구히 바뀔 가능성이 74%라고 대답했다. 이제 원격근무가 메가

---

1 머니투데이, '코로나19' 출퇴근 법칙 깨졌다…"사무실 나오지 마라", 2020.02.24

트렌드를 넘어 문화로 자리잡을 날이 멀지 않았다.[2]

물론 원격근무는 코로나 이전에도 글로벌화와 경제적인 이유로 증가 추세에 있었다. 미국 인구조사국이 원격근무와 관련한 데이터를 분석한 결과 470만 명이 이미 원격근무를 하고 있었다.[3] 글로벌 컨설팅 기관인 글로벌 워크플레이스 애널리틱스의 연구에서 2017년과 2018년 사이 재택근무는 22% 증가했다. 한 글로벌 플랫폼인 업워크는 2028년까지 모든 기업의 팀 단위 근로자 가운데 73%가 원격근무자 중심으로 구성될 것이라는 파격적인 예측을 하고 있다.

이런 원격근무의 확산은 조직의 다양한 관리방식의 변화를 요구한다. 특히 온라인 회의는 영역을 넘어 모든 부문의 중요한 의사소통방식이 되었다.

원격 근무와 온라인 회의가 만드는 생산성 향상과 성장 기회

영국 의회는 코로나19로 인해 700년 역사상 처음으로 화상으로 의사 진행을 했고, 영국 총리와 각료들도 화상으로 회의를 진행했다. 온라인 회의 플랫폼을 제공하는 한 기업은 2020년 1월초 1000만 명 정도였던 사용자가 4월에만 3억명이 증가했다고 발표했다. 기업이 대면회의를 화상회의로 전환하고 학교의 수업방식이 온라인으로 대체되었기 때문이다.

이런 현상은 국내 기업도 마찬가지다. 대한상공회의소는 국내 300여

---

2 kotra해외시장뉴스, 트렌드, 경제재개 시동건 미국, 근무방식 이렇게 바뀐다, 2020.05.25
3 오피니언, [이형석의 창업의 비밀]원격근무효과, 2020.06.08

기업의 인사담당자들을 대상으로 '코로나19이후 업무방식 변화실태'를 조사했다. 조사대상 기업 중 코로나19 이후 원격근무를 시행했다고 응답한 기업은 34%로 코로나 이전보다 4배 이상 증가한 것으로 나타났다.[4]

출장이나 외근, 집체교육, 회식 등 사람들이 모이는 외부활동이 크게 줄어든 것은 당연하다. 그런데 기업의 정례 회의와 대면보고와 경영상 반드시 필요하다고 생각했던 사무실 내부 활동 역시 비대면으로 대체한 경우가 많았다.

구체적인 사례로 서울시설공단은 코로나 19가 확산한 이후로 원격 화상회의를 시행했는데 시행 60일만에 횟수가 1000회를 넘겼다.[5] 이 중 96%는 사내회의 및 현안보고 그리고 외부회의가 차지하였다. 서울시설공단은 원격화상회의 도입으로 출장비와 인쇄비 등을 포함하여 비용을 3000만 원 절감했다. 또한 남는 오프라인 회의실을 다른 업무공간으로 활용하고 스마트워크 센터를 개선하는 작업을 동시에 추진하고 있다.

시스코는 차세대 협업 솔루션의 효과성과 관련한 보고에서 온라인 회의를 도입한 기업이 그렇지 않은 기업보다 300% 더 높은 성장률을 기록했다고 제시하고 있다.[6]

조금 늦은 듯하지만 이런 환경의 변화를 반영하여 중소벤처기업부는 2021년까지 16만개 중소기업의 디지털 전환을 위한 '비대면 서비스 바우

---

4 데일리안, 코로나19발 재택근무·화상회의 '만족'…지속시행은 '곤란', 2020.06.30/미디어SR, 비대면업무 80%만족…회사측 "확대는 부담", 2020.06.30.
5 대한전문건설신문, 서울시설공단 화상회의 1000건 돌파…포스트코로나 시대 대비, 2020.5.21.
6 CISCO, 시스코 차세대 협업 솔루션의 5가지 도입효과, p.3.

처 사업'을 시작했다.[7] 중소 벤처 기업들이 비대면 제도 도입을 위해 인사, 노무, 보안 컨설팅을 쉽게 이용할 수 있도록 바우처를 제공하는 사업이다. 이를 위해 화상회의, 재택근무, 에듀테크 분야의 사업자를 선정했고 수요기업 신청 접수를 받은 결과 총 5,453개 기업이 신청해 비대면 서비스 바우처 사업에 많은 관심을 보였다.

리더들은 이러한 급격한 환경 변화에서 앞으로 나아가고 성장하기 위해서 새로운 업무방식으로 자리잡고 있는 원격근무와 온라인 회의를 효과적으로 운영할 수 있는 역량을 개발해야 한다. 방법은 간단하다. 남들보다 먼저 시도하고 경험하고 지혜를 얻으면 된다.

> "2028년까지 모든 기업의 팀 단위 근로자 73%가 원격근무지 중심으로 구성된다." -업워크Upwork
>
> "직장인의 63%가 나인 투 식스(9to6) 근무형태를 버린다" -아울랩스OWL Labs
>
> "코로나 이후 원격근무 시행기업이 코로나 이전보다 4배 증가하였다." - 대한상공회의소
>
> "CFO 대상 설문조사 결과 74%가 원격근무가 가능한 형태로 근무지가 변화된다고 답했다." - 가트너
>
> "2030년까지 전체 인원의 50%를 원격근무 시키겠다." -페이스북

---

7 News1, '재택근무화상회의' 지원할 비대면 서비스 공급기업 359개사 선정, 2020.09.21.

언택트 시대, 기회를 발견하는 리더십

변화에는 위험도 있지만 반드시 기회가 동반된다. 코로나로 인해 모두가 어렵다고 하지만 위험 속에서 기회를 발견하고 활용하는 조직은 반드시 있다. 한 항공사는 코로나로 여객이 90% 이상 감소하여 1분기 566억 원의 영업손실을 내며 어려움을 겪었다. 하지만 유휴 여객기를 화물기로 활용하는 역발상과, 화물기 가동율을 높여 늘어난 화물 수에 대응하는 전략으로 글로벌 항공사 중 유일하게 2분기 흑자를 냈다.[8]

학습지 시장도 코로나로 직격탄을 맞았다. 하지만 메이저 3사 중 두 기업은 영업이익이 감소한 반면, 한 기업은 비대면 스마트러닝으로 전략을 바꾸면서 코로나 이전 같은 기간보다 매출과 영업이익이 증가되었다. 영업이익이 감소한 기업은 오프라인 교육 서비스 기회가 줄어든 것이 문제의 주원인이라고 분석했다. 똑같은 환경과 조건이지만 어떤 조직은 기회를 발견하고, 어떤 조직은 어려움에 빠졌다.

이런 사례는 조직 내부에서 환경변화로 인해 새로운 업무방식을 도입해야 하는 리더에게도 적용된다. 환경을 탓하며 리스크와 문제만 보고 아무것도 시도하지 않으며 어떻게 되겠지 하고 방관하면 앞으로 한발짝도 나아갈 수 없다.

일본의 인터넷그룹 GMO 최고경영자 구마가이 마사토시 회장은 재택근무를 시작한 지 3주가 됐는데 실적에 영향이 거의 없었다며 사무실이

---

8 매일경제, 대한항공 1500억 '깜짝흑자'…역발상 빛났다, 2020.08.06

필요한지 심각하게 생각하고 있다고 SNS에 올렸다.

대한상공회의소 설문조사 결과에서도 비대면 업무방식에 대해 가졌던 우려가 그저 기우였음이 밝혀졌다. 비대면 업무 시행 후 업무효율성이 이전보다 떨어졌다는 대답은 16.4%에 그쳤고 오히려 27.5%는 더 높아졌다고 응답했다. 직원만족도는 82.9%가 모두 만족 이상으로 나왔다.

안전지대safe zone와 안락지대comfort zone라는 개념이 있다. 안진지대는 우리에게 유리한 환경으로 비즈니스가 순조롭게 잘 되는 영역이다.[9] 한마디로 성과를 내고 성장할 수 있는 기회의 영역이다. 안락지대는 오랜 시간에 걸쳐 익숙하거나 느긋해서 긴장감 없이 일할 수 있으며 실패의 두려움도 없는 영역이다. 성공한 개인과 조직은 안전지대와 안락지대를 일치시킨다. 하지만 안전지대는 가만히 있지 않고 환경변화에 따라 움직인다.

언택트Untact에서 온택트Ontact로 진화

코로나19는 안전지대를 급격하게 새로운 곳으로 이동시켰다. 이제 안전지대는 대면이 아니라 비대면이다. 기회를 보는 사람들은 비대면 즉 언택트Untact를 온택트Ontact로 발전시켜 새로운 기회를 만들어 가고 있다. 여전히 안락지대인 대면에 머물러 있으면서 환경을 탓하거나 이런

---

9 매일경제, 대한항공 1500억 '깜짝흑자'…역발상 빛났다, 2020.08.06

저런 핑계를 대고 있는 개인과 조직들은 새로운 기회를 잡지 못할 것이다.

그렇다면 불확실성이 높은 변화의 가속 시대에 어떻게 대처하는 것이 좋을까? "글로벌 성장기업의 법칙"을 쓴 나와 다카시는 급격한 변화와 위기와 같이 앞을 내다볼 수 없는 상황에서 성장하는 기업은 '학습 우위의 경영'을 한다고 분석했다. 이들 기업은 새로운 것을 두려워하지 않고 여러 방법을 시도하고 거기서 배운 지혜로 우위를 만들어 앞으로 나아간다.

물론 앞으로 상황이 어떻게 전개될지 아무 것도 모르는 상태에서 남보다 먼저 한발을 내딛는 것이 쉬운 일은 아니다. 세계적인 개혁자 마이클 겔브는 이런 상황에서 모호함을 견디는 능력이 필요하다고 강조한다. 모호함을 견디는 능력은 답답한 것을 무조건 받아들이고 참는 것이 아니라, 알지 못하는 것과 불확실한 것을 대할 때 마음을 열고 독창적인 잠재력을 개발할 수 있는 기회로 만드는 것을 말한다.

시스코의 한 전문가는 기업을 둘러 싼 변화를 다음과 같이 표현했다.[10] "코로나 이전으로 돌아가는 것은 어려워졌다. 기업은 온라인을 활용한 원격근무와 오프라인 근무시스템이 결합한 '하이브리드' 방식에 적응해야 한다"

그렇다. 이제 리더들은 무게중심을 오프라인에서 온라인으로 옮겨가

---

10 MK뉴스, 평사원이 "상무님, 이건 어때요"…화상회의 덕에 이런 토론 가능, 2020.09.18

야 한다. 특히 온택트의 트렌드에 맞게 빠르게 진화하고 있는 온라인 회의 기술과 리더십을 개발하고 적응하고 활용하려는 노력이 필요하다.

온라인 회의,
남들은 어떻게 하고 있나

 온라인 회의 목적은 주로 문제해결

우리는 이 책을 쓰기 위해 각계 리더 100여 명을 대상으로 온라인 회의 실태를 설문 조사했다. 조사 대상자 중 절반 이상은 매주 온라인 회의를 하였다. 온라인 회의는 주로 문제해결(38.9%), 그룹판단의 조율과 조정 (36.1%), 구성원 간의 커뮤니케이션 촉진(37%), 운영방침의 전달 및 업무 실행의 원활한 도모(37%), 조직활동의 원활한 실행지원(32.4%), 아이디어 도출(19.4%)을 위한 목적으로 진행하는 것으로 나타났다.

어려운 온라인 회의는 조직 활성화

온라인으로 진행하기에 가장 어려운 회의에 대한 질문에는 부서 조직활 성화 미팅(29.6%), 고객미팅(27.8%), 워크숍(24.1%), 주간/월간회의(6.5%),

경영회의(6.5%)순으로 어렵다고 대답했다.

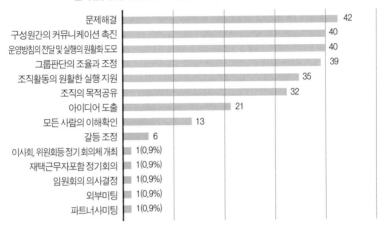

온라인(화상)회의는 주로 어떤 목적으로 운영됩니까? 응답 108개

목적	값
문제해결	42
구성원간의 커뮤니케이션 촉진	40
운영방침의 전달 및 실행의 원활화 도모	40
그룹판단의 조율과 조정	39
조직활동의 원활한 실행 지원	35
조직의 목적공유	32
아이디어 도출	21
모든 사람의 이해확인	13
갈등 조정	6
이사회, 위원회등 정기 회의체 개최	1(0.9%)
재택근무자포함 정기회의	1(0.9%)
임원회의 의사결정	1(0.9%)
외부미팅	1(0.9%)
파트너사미팅	1(0.9%)

온라인 회의는 주로 문제를 해결하거나 소통하기 위해 사용된다.

운영하기 어려운 온라인 회의 유형에 대한 질문 중 부서 조직활성화 미팅이 1위로 나온 것은 특이할 만한 결과이다. 이는 원격근무로 인해 단순한 업무소통 이외에 구성원 간의 팀워크와 관계 구축을 고민한다는 것이다. 더불어 온라인 회에서 팀 빌딩이나 소통 기술이나 솔루션이 부족하다는 것을 보여준다.

다음 회의 중에서 온라인 회의로 진행하기 가장 어려운 회의는? 응답 108개

- 고객미팅 27.8%
- 부서조직활성화 미팅 29.6%
- 경영회의
- 워크숍 24.1%
- 온라인 회의에서는 어려운것이 없다
- 가격 협의
- 모두 해당
- 주간/월간 회의
- 일상적 일일 회의

온라인 회의로 하기 가장 어려운 것이 조직활성화다.

최근에 한 금융그룹에서 하반기 전략워크숍을 언택트 방식으로 운영한 것이 기사로 나왔다. 이제 온라인 회의는 소그룹 단위뿐만 아니라 대규모 인원이 참석하는 방식으로 진화하고 있다. 물론 앞으로 대규모로 진행되는 온라인 회의에 대한 기술적인 문제보다는 효과적인 회의를 위한 설계가 중요해질 것이다.

주로 사용하는 화상회의 툴은 ZOOM

온라인 회의에서 주로 사용되는 툴은 Zoom(43.5%), 회사자체 툴(30.6%), Google Meet(9.3%), Webex(7.4%) 등 화상회의 툴이었다. 대표적인 화상회의 툴인 Zoom은 기업 회의뿐만 아니라 비즈니스 및 교육 영역에서도 가장 보편적으로 많이 사용되고 있다.

최근에는 화상회의 툴 외에 구글 슬라이드 등 다양한 웹 애플리케이션의 사용이 증가하고 있다. 이 애플리케이션은 온라인 회의의 한계를

극복하고 오프라인 회의에서 사용하는 다양한 퍼실리테이션 방식의 회의 운영을 가능하게 한다. 하지만 설문조사 결과 기존 회의 프로그램 외에 퍼실리테이션을 돕는 애플리케이션 사용 경험은 37%로 그리 높지 않았다. 아직까지 다양한 퍼실리테이션 애플리케이션을 알지 못하기 때문이다.

온라인(화상)회의 프로그램 외에 구글 등 웹 애플리케이션 툴을 사용한 경험은? 응답 108개

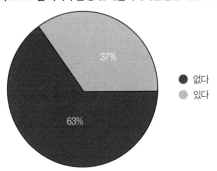

많은 리더가 온라인 툴을 제대로 활용하지 못한다.

문제가 발생하면 잘 아는 직원에게 물어본다

온라인 회의를 운영하다 보면 다양한 기술적인 문제가 발생한다. 이때 어떻게 하느냐는 질문에 응답자들은 잘 아는 직원들에게 물어본다(49.1%), 직접 해결한다(34.3%), 포기하고 그냥 회의한다(14.8%)고 대답했다.

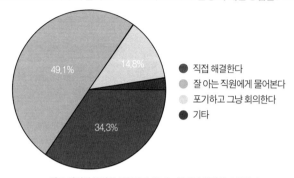

온라인(화상) 회의 중에 문제(오디오, 비디오, 네트워크) 발생 시 해결 방법은? 응답 108개

● 직접 해결한다
● 잘 아는 직원에게 물어본다
○ 포기하고 그냥 회의한다
● 기타

많은 리더가 온라인 회의에서 생기는 문제를 해결하지 못한다

한 대학교 교수는 학교수업이 온라인 실시간 방식으로 전환되면서 어떻게 해야 하는지 몰라 당황스러웠다고 한다. 동영상을 촬영하여 전송하는 방식은 어느 정도 익숙해서 문제가 없었는데 화상회의 툴을 이용하여 실시간으로 강의하는 방식은 경험이 전혀 없었다. 그는 학교로부터 실시간 비대면 강의운영에 대한 사전교육도 제공 받지 못한 채 독학으로 배워가며 시행착오를 겪어야 했다.

기업의 리더도 마찬가지다. 사용법도 잘 모른 채로 화상회의를 진행하다 보니 효과적인 회의 운영을 하지 못하는 것이 당연하다. 온라인 회의에 대한 교육 경험을 묻는 질문에 응답자 절반이 교육을 받은 적이 없다고 답했다. 여기서 교육은 단순히 프로그램 사용법을 익히는 수준이 아니라 온라인 회의 운영자로서 갖추어야 할 지식, 스킬, 기술, 태도 모두를 포함한다. 나아가 온라인에서 어떻게 참여와 몰입을 이끌어 낼 것인가도 배워야 하지만 아직까지 이런 교육을 제대로 받은 리더는 없다.

온라인(화상)회의에 대한 교육 경험은? 응답 108개

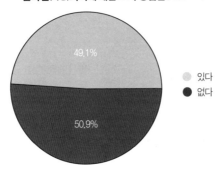

- ● 있다
- ● 없다

49.1%

50.9%

낮은 리더가 온라인 회의 교육을 받지 못하고 온라인 회의를 주재한다.

부서원의 온라인 회의 만족도가 더 높다

잡코리아는 2018년에 직장인들을 대상으로 오프라인 회의에 대한 만족도를 조사했다. 그 결과 57.6%가 '만족하지 않는다'고 응답했다. '만족한다' 42.4%보다 만족하지 않는다가 15.2% 더 높게 나타나 직장인들은 대체로 회의에 만족하지 않는 것으로 나타났다. 이번 온라인 회의에 대한 만족도 결과는 오프라인과 반대로 오히려 '만족 이상'이 56.3%로 대체로 만족하는 것으로 나타났다. 대한상공회의소 조사와 우리가 이번에 조사한 내용을 보면 직장인들은 전반적으로 비대면의 업무방식과 온라인 회의에 만족하는 것으로 나타났다.

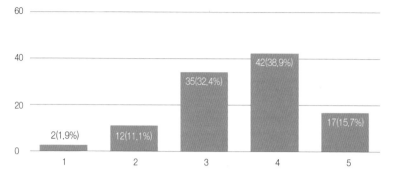

온라인회의에 대한 만족도는? 응답 108개

특이할 만한 것은 관리자와 CEO(50%)보다 실무자 계층(59%)에서 온라인 회의에 대한 만족도가 더 높은 것으로 나타났다는 것이다. 이 결과는 리더가 온라인 회의를 잘 활용한다면 좋은 기회로 만들 수 있다는 새로운 가능성을 제시한다. 물론 리더가 회의를 수평적인 소통의 채널과 조직성과를 높이기 위한 리더십 도구로 활용할 만한 역량을 갖추는 것이 선결 과제다.

실무자가 리더에 비해 온라인 회의에 더 높은 만족감을 갖는 이유는 응답자들이 서술한 온라인 회의에 대한 만족과 불만족의 구체적인 이유에 잘 나타나 있다. 온라인 회의에 대체로 만족한다고 응답한 사람들은 공간과 장소 제약이 없는 편리성과 이동시간과 비용 절감을 그 이유로 들었다. 그 동안 오프라인 회의가 얼마나 비효율적으로 운영되었는지 알 수 있는 대목이다.

실제 취업포털 잡코리아의 오프라인 회의관련 설문조사에서도 사람들은 회의의 효율성을 더 중시하는 것으로 나타났다. 회의에 만족하는 이유 중 63.4%가 '빨리 끝나고 꼭 필요할 때만 회의를 하기 때문'이라고 응답했다.

온라인 회의에서 리더십 패러다임의 변화 필요

온라인 회의의 불만족 주요 원인은 '집중력과 몰입도가 떨어지고 쌍방향 소통이 어렵다'는 것이다. 그런데 이 내용은 잡코리아의 오프라인 회의에 대한 설문조사의 결과와 비슷하다. 직장인 52.7%가 회의에 만족하지 않는 이유로 '상사의 얘기를 듣기만 하는 등 수직적인 회의가 많아서'를 꼽았다. 온라인이든 오프라인이든 회의의 방식과 관계없이 상사가 일방적으로 지시하고 자기 할말만 하는 것이 회의에 대한 불만족의 가장 큰 원인이다.

온라인 회의에서 제기된 문제점이 오프라인 회의와 유사한 것은 회의의 소통방식에 전반적인 변화가 필요하다는 것을 말해준다. 하지만 오프라인 회의와 온라인 회의는 물리적 환경과 사용하는 매체가 다르기 때문에 의사소통을 하고 리더십을 발휘하기 위해 다른 접근과 역량이 필요하다. 온라인 회의를 자주 운영하고 참여하는 한 글로벌 경영지원 그룹장은 오프라인 회의와 온라인 회의의 차이점에 대해 다음과 같이 얘기했다.

"오프라인 회의는 리더가 상석에 앉아 언어와 비언어적인 수단을 사용하여 말하고자 하는 메시지의 의미, 그리고 그 안에 담긴 정서까지 충분히 전달할 수 있습니다. 리더는 카리스마로 영향력을 발휘하고 존재감을 나타내며 사람들을 원하는 방향으로 통제할 수 있습니다. 또한 지식과 파워의 우위에 있는 사람이 대화의 주도권을 끌고 갈 수 있죠.

하지만 온라인 회의에서는 리더가 오프라인처럼 행동하기 어렵습니다. 그래서 사람들을 통제하는 능력보다는 회의 운영을 위한 툴을 잘 활용하여 소통하고 구성원을 참여시키는 능력이 중요합니다. 온라인 회의 툴을 제대로 활용하지 못하면 원활하게 회의를 이끌어 갈 수 없기 때문이죠. 오프라인에서 유효한 방식이라도 온라인에서는 제대로 작동하지 않습니다"

오프라인과 온라인 회의의 운영에 대한 단편적인 차이를 언급한 내용이다. 하지만 이 작은 차이가 회의 운영 전반에 끼치는 영향이 크다. 우리는 오프라인과 온라인 회의를 리더의 권위와 파워authority, 매력과 유인attraction, 장소에 대한 우위advantage, 장소와 시간의 제약anywhere, anytime, 회의 운영과 활동action, 익명성anonymity 등 '온라인 회의의 6 As'로 정의하였다.

구분		오프라인 회의	온라인 회의
Authority	권위와 파워	카리스마와 권위, 파워를 기반으로 영향력 발휘	소통과 참여를 통해 영향력 발휘
Attraction	매력과 유인	언어, 비언어적 단서 및 행동을 통해 상대에게 매력을 표현	언어적인 요소에 집중됨
Advantage	장소에 대한 우위	리더가 익숙한 공간에서 사람들을 모아 놓고 상석에 앉아서 회의를 진행하므로 장소의 우위가 존재	각자가 익숙한 공간에서 참여하므로 장소의 우위가 없음
Anywhere & Anytime	장소와 시간의 제약	장소와 시간의 제약이 있어 회의 소집이 어려움	장소와 시간의 제약이 없고 회의 소집이 쉬움
Action	회의 운영과 활동	휴식시간을 활용한 스몰토크 및 비공식적 소통가능 장시간 운영 가능 회의소집에 제약이 많음 쌍방향 소통이 용이함 다자간 대화가 가능함	휴식시간의 활용이 어려움 계획된 시간내에서 운영 회의 소집에 제약이 많지 않음 쌍방향 소통이 어려움 다자간 대화가 어려움
Anonymity	익명성	의사표현의 투명성이 높음	다양한 툴을 사용하여 익명성 극대화

온라인 회의의 6 As

위와 같은 오프라인과 온라인 회의의 차이 때문에 리더는 온라인 회의에서 세심한 주의를 기울여야 한다. 온라인 회의를 자주 운영하는 한 리더의 얘기를 들어보면 공감이 될 것이다.

리더는 상황에 맞게 리더십을 변화시켜야 한다. 온라인 회의에 참여하는 구성원의 심리적 상태는 오프라인 회의와는 완전히 다르다는 것을 인식해야 한다. 따라서 온라인 회의에 맞게 소통방식과 리더십 패러다임을 전환하고 새로운 기회를 찾아야 한다.

"사실 오프라인에서는 리더가 구성원에게 거친 말을 하거나 심하게 몰아세우며 상대방의 자존감을 떨어뜨리는 행동을 하는 경우가 있습니다. 대부분 이런 경우 리더는 회의가 끝나면 해당 구성원을 개인적으로 불러 차를 마시거나 저녁에 술 자리를 가져서 구성원의 기분을 풀어주곤 합니다.

하지만 온라인 회의에서는 말을 잘못 내뱉어서 구성원의 마음에 상처를 입히면 따로 대응을 하기가 어렵습니다. 만약 구성원이 재택근무를 한다면 기분이 상한 채로 일하게 되고 이런 정서적 문제가 가족에 영향을 미치기도 합니다.

이런 이유로 온라인 회의에서는 리더가 인내심을 갖고 구성원을 최대한 존중하고 더 배려해야 합니다. 오프라인에서 했던 식으로 온라인에서 행동하면 큰일납니다."

소통을 위한 새로운 기회 '온택트'

시스코는 임원진이 일주일에 한 번 모든 직원들과 영상회의를 통해서 이야기하는 '체크인'이라는 회의를 운영하는데 시스코 직원의 반응이 뜨겁다. 그 이유는 코로나19 이전에는 만나기 힘든 고위 임원진을 온라인상에서 만나 애로사항, 문제점, 궁금한 내용들을 직접 얘기하고 상황에 따라 임원진이 문제를 바로 해결해 주기 때문이다. 시스코는 비대면의 상황에서 조직관리의 새로운 기회를 찾아낸 것이다.[11]

　IBM은 오랜 전부터 초대형 브레인스토밍인 '이노베이션 잼'을 온라인

---

11 MK뉴스, 평사원이 "상무님, 이건 어때요"…화상회의 덕에 이런 토론 가능, 2020.09.18.

회의로 운영해왔다. 이노베이션 잼은 하나의 주제를 놓고 IBM 직원, 가족, 고객, 협력사, 업계 인사가 벌이는 온라인 토론이다.[12] 3~4일 동안 이어지는 회의에는 참여 인원이 40만 명에 이른다. IBM이 IT업계 100년기업으로 생존하면서 성장하는 데에 임직원과 고객을 아우르는 거대한 집단지성을 통한 혁신이 중요한 밑거름이 되었다.

시스코와 IBM의 사례처럼 오프라인이든 온라인이든 회의에서 리더의 중요한 역할은 구성원에게 동기를 부여하고 참여시켜 조직을 위한 솔직한 얘기를 이끌어 내고 창의적인 아이디어를 발현하도록 만드는 것이다.

온택트ontact는 본래 비대면을 일컫는 언택트untact에 온라인을 통한 외부와의 연결on을 더한 개념으로 온라인을 통해 외부 활동을 이어가는 방식을 말한다. 최근에 각종 공연과 전시회, 나아가 힐링 프로그램까지 온택트 방식으로 진화하고 있다.

리더십도 예외는 아니다. 리더는 일반적으로 강력한 카리스마를 가지고 구성원을 이끌거나 조직이 부여한 포지션 파워를 중심으로 리더십을 발휘한다. 그러나 비대면의 온on 대 온on의 환경이 가속화되는 변화환경에서는 과거의 리더십만으로는 더 이상 효과적이지 않다.

온라인 시대의 리더십, 온On+溫택트 리더십

우리는 변화하는 온라인 시대에 걸맞은 리더십을 온택트 리더십이라고

---

12 DBR, 15만명의 브레인스토밍 신사업을 창조하다, 2008년 12/22

명명했다. 그리고 온택트 리더십의 '온'을 두 가지 차원으로 해석했다. 온의 첫번째 의미는 본래의 뜻인 'On'이고 두번째는 따뜻할 온溫을 의미한다. 온택트 리더십은 두 가지 측면의 역량이 조합되어 이중적 의미를 갖고 있다.

하나는 온택트가 온라인을 통한 연결을 의미하듯 기술 중심의 디지털 시대에 필수적으로 요구되는 디지털 리터러시digital literacy와, 디지털 기술을 활용하여 원하는 방식으로 회의를 운영하고 필요한 정보를 얻을 수 있는 디지털 활용력을 갖는 것이다.

다른 하나는 언택트로 인해 일상화된 원격근무로 발생하는 관계와 심리적 이슈를 해결하기 위해 구성원을 따뜻하게 케어하고 참여를 촉진하는 리더십을 의미한다. 온택트 시대는 더 높은 영향력을 발휘하기 위해서는 ON on-line과 溫따뜻할 온의 조화를 갖춘 리더십이 필요하다.

On택트 리더십
디지털 기술과 변화를 이해하고, 다양한 온라인 회의 프로그램을 활용하는 능력이다. 구성원의 참여와 몰입을 위한 다양한 협업 툴과 참여 애플리케이션을 사용하여 영향력을 발휘하는 과정이다.

溫택트 리더십
구성원의 정서를 이해하고 공감하고 경청하며 임파워먼트를 통해 자기효능감을 높여주며, 퍼실리테이터로서 영향력을 발휘하며 자기결정성과 심리적 안전감을 높여주는 과정이다.

온라인 회의 운영의 핵심 키워드: 자기결정성과 심리적 안전감

온라인 회의에서 온택트 리더십은 구성원의 자기결정성과 심리적 안전감을 높이는 데 그 목적이 있다. 이 두 가지가 충족될 때 참여와 몰입을 이끌어 내어 회의의 본질적 목적과 목표를 달성할 수 있다.

자기결정성

인간에게는 자기 성장을 위한 타고난 본연적인 욕구 세 가지, 즉 자율성, 유능성, 관계성의 욕구가 있다.[13]

첫째, 자율성은 자기 행동을 자유의지로 선택하고 외부로부터 자아를 통제받지 않는 느낌을 갖는 것이다. 온라인 회의에서 자기결정성을 높이는 방법은 다양하다. 구성원이 자신의 의견을 내고 합의하여 최적의 대안을 찾는 방식으로 운영하면 된다. 일방적으로 지시하기보다는 다양한 옵션을 제시하고 선택하게 한다면 도움이 될 것이다.

ZOOM 같은 화상회의 툴에서 소회의실 활동을 할 때 운영자가 일방적으로 회의실을 배정하는 것보다 자신이 조를 선택해서 들어가도록 하는 것도 작은 범주에서 자율성을 높이는 방법이다. 회의 운영방식에 대해 구성원에게 의견을 구하는 것도 좋다.

둘째, 유능성은 숙련이나 효과와 관련된 것으로 자신의 능력을 적용하고 확장하는 기회를 통해 충족된다. 숙련은 무언가를 잘 하고 싶다는

---

[13] Ryan, R. M., & Deci, E. L, 2000, Self-determination theory and the facilitation of intrinsic motivation, social development, and well-being, American Psychologist, 55, p.68-78

욕망을 말한다. 그리고 자신이 어떠한 문제를 해결했을 때 유능성의 욕구가 충족된다.

온라인 회의에서 사람들의 유능성을 증가시키는 방법은 문제해결에 참여시키는 것이다. 이번 '온라인 회의에 대한 실태조사'에서 온라인 회의 불만족의 원인으로 제기된 '쌍방향 커뮤니케이션이 원활하지 않다', '타 발언자에 대한 집중이 결여되어 있다', '주고받을 수 있는 정보, 교감이 제한적이다', '회의 참가자들의 집중력과 몰입력의 한계가 있다'와 같은 문제는 온라인 회의를 참여식으로 운영하면 상당 부분 해결할 수 있다. 온라인 회의에서 구성원의 참여를 높일 수 있는 리더십 행위와 다양한 애플리케이션은 2~4부에서 다룬다.

셋째, 관계성은 다른 사람에게 의미 있는 존재로 느껴지는 것과 관련된다. 온라인 회의에서 참여자의 관계성을 높이는 방법은 작은 것이라도 인정하고 칭찬해 주는 것이다. 상대방이 중요하게 여기는 동기와 신념, 소유물 등을 알고 표현하는 것도 좋다. 더 나아가 하는 일의 의미와 가치를 인정해주는 것도 좋은 방법이다.

심리적 안전감

회의방식에 관계없이 구성원의 참여와 발언을 이끌어 내는 전제조건은 심리적 안전감을 제공하는 것이다. 심리적 안전감은 자신의 이미지, 지위 또는 경력에 대한 부정적 결과를 걱정하지 않고 자기를 그대로 보여주고 역할을 수행할 수 있다는 느낌을 갖는 것이다.

구글의 팀 생산성과 관련된 연구에서도 생산성을 높이는 데 가장 중요한 것은 업무량이나 물리적 공간보다는 팀원들이 서로 배려하며 상대의 발언권을 인정하고 공감해 주는 사회적 감수성과 이를 통한 심리적 안전감이었다.[14]

과거에 조직의 문제점을 개선하려고 변화 지향적인 제안을 했다가 환영을 받지 못했거나 비난받은 경험을 했던 구성원은 자신의 의견을 표현하는 데 주저한다. 이런 구성원이 심리적 안전감을 갖고 자기 생각을 표현하게 하려면 경험을 재설계해야 한다. 경험을 바꿔야 신념이 바뀌고 행동과 결과가 달라지기 때문이다. 리더는 인내를 갖고 구성원이 어떤 얘기라도 할 수 있는 분위기를 만들어야 한다. 심리적 안전감에 긍정적인 영향을 미치는 일반적인 요인과 상황은 다음과 같다

- 리더가 개방적이고 지원적인 분위기를 만들 때

- 동료와 리더가 자신의 행동을 지지하고 믿음을 주는 행동을 할 때

- 상호 대인관계가 좋을 때

- 리더가 수평적이고 참여적인 방식으로 리더십을 발휘할 때

- 리더가 구성원의 참여와 발언을 옹호할 때

---

14 중앙시사매거진, Management, 생산성 수수께끼 구글은 이렇게 풀었다, 201701.23, https://jmagazine. joins.com/forbes/view/315273.

온택트 리더십, 자기결정성, 심리적 안전감의 관계

자기결정성과 심리적 안전감은 온라인 회의에서 구성원이 개방적인 마인드를 갖고 참여하고 몰입하는 데 가장 중요한 전제조건이다. 리더는 구성원에게 개인적인 관심Care을 보이고 배려Consideration하고, 임파워먼트Empowerment와 퍼실리테이션Facilitation을 실천함으로써 구성원의 자기결정성과 심리적 안전감을 높일 수 있다.

다음은 온택트 리더십의 구체적 행위와 자기결정성과 심리적 안전감이 어떻게 연결되는지 정리한 내용이다

리더십 행동 자율성		자기결정성			심리적 안전감
		자율성	유능성	관계성	
On-Care&Consideration				○	○
연결성 강화하기				○	○
On-Empowerment	솔선수범				○
	참여적 의사결정	○	○		○
	코칭	○	○		
	정보 공유		○		○
On-Facilitation	자존심 중시			○	○
	공감과 경청			○	○
	문제해결 참여	○	○		○
	이해도 측정				○
	프로세스 안내			○	

온택트 리더십, 자기결정성, 심리적 안전감의 관계

온택트 리더의 조건
1. On-Care & Consideration

 재택 근무자의 마음을 헤아려라

언택트 시대에 온라인 회의는 리더가 업무를 관리하고 리더십을 발휘하고 구성원과 소통하는 중요한 수단이다. 하지만 온라인 회의에서는 구성원의 행동을 직접 관찰할 수 없다. 리더가 구성원의 표정을 살펴서 그들이 어떤 감정과 정서를 갖고 대화하는지 인지하기 쉽지 않다.

그럼에도 불구하고 리더가 온라인 회의를 진행하면서 구성원의 감정과 정서를 살피고 헤아려야 하는 이유는 개인의 감정과 정서 상태가 몰입과 관련되어 있기 때문이다. 직원의 재택근무 만족도가 높다고 하지만 일과 사생활이 섞이면서 발생하는 문제, 조직에서 떨어져 고립감을 느끼고 소속감이 약화되는 문제 등 나름의 문제를 갖고 있다.

또한 회사의 공간이 제공하던 유대감, 교육의 기회 등이 제한됨에 따라 상실감, 소외감, 고립감 등의 심리적 문제를 겪을 가능성이 높다. 영국의 센트럴 랭커셔 대학의 연구에 의하면 재택 근무자가 사무실 근무자에 비해 외로움, 짜증, 근심, 죄책감을 더 느끼는 것으로 나타났다.[15]

프랑스의 글로벌 의견 및 마케팅 연구기관인 Ifop의 2019년 6월 여론 조사에서도 원격업무 환경에서 종사하는 사람들은 고립감과 해고에 대한 불안감이 높고, 제약 상황을 감내하는 데 따르는 피로감이 큰 것으로 나타났다.[16]

구분	사무실 근로자(%)	재택 근로자(%)
외로움(Loneliness)	0	67
짜증(Irritability)	83	100
근심(Worry)	17	100
죄책감(Guilt)	50	67

사무실 근무자와 재택 근로자의 감정 비교

원격근무 및 온라인 회의에서 연결성 강화하기

사람들은 원격근무가 상사와 직장으로부터 멀어지고 자유가 주어지기 때문에 좋은 점만 있을 것으로 오해하지만 부정적인 측면도 고려해야

15 서기만, 장재현. 2011, 스마트워크, 외부효과에 주목해야, LG Business Insight Weekly포커스. P.17-26.
16 하정임, 2020, 글로벌 이슈&리포트, 코로나19이후 디지털화 가속과 원격복합훈련 활용, The HRD Review, 9월호,p.166-175.

한다. 원격근무에 대한 구성원의 정서적 문제를 해결하기 위해서는 오프라인보다 개인에 대해 더 많은 관심을 갖고, 정보를 파악하고, 이해하려는 노력이 필요하다. 그리고 리더가 구성원에게 이런 것을 적극 표현함으로써 연결되어 있다는 느낌을 주고 정서적 문제를 해소하는 데 도움을 줄 수 있다.

구글의 인력 분석팀은 팀 역학과 그것이 팀의 효율성에 어떻게 기여하는지에 관한 광범위한 연구를 진행했다.[17] 그 결과 팀원들이 분산 근무를 하는 경우에 서로 연결된 상태에서 그 연결성을 유지하며 심리적으로도 연결성을 느끼는 팀이 가장 일을 효율적으로 한다는 것을 밝혔다. 구글은 재택근무 중 연결성을 강화하기 위한 방법으로 서로에 대해 알아가기, 공통 관심사를 통해 관계를 만들기, 가벼운 친선 게임을 통해 유대감 쌓기, 서로 친절함을 잊지 않고 감사 표현하기 등 4가지 방법을 제안했다.

첫째, 서로 알아가기

서로를 알아가기 위한 의도적인 노력이 필요하다. 한 스타트업을 위한 조직전략 및 가상 직장문화 전문가는 온라인 회의는 직접 대면하는 상호작용이 제한적이기 때문에 신뢰관계를 형성하기 위해 오프라인보다 두 배 이상의 노력이 필요하다고 말한다.

---

17 Think with Google, 재택근무 중 소속감을 유지하기 위한 4가지 방법, 2020.06

우리는 조직과 개인의 삶을 모두 살고 있다. 재택근무가 길어지고 화상회의를 자주하면 의도치 않게 개인적인 삶의 공간과 관계가 노출될 수 있다. 어떤 사람들은 이러한 부분을 꺼리기도 하지만 자신이 진짜 살아가는 모습을 일부분 노출하는 것은 연결감을 갖는 데 도움이 될 수 있다. 개인의 일상을 조금이나마 공유함으로써 상호간의 개방적인 분위기를 연출하여 관계가 돈독해지고 일 이외의 문제에 대해 서로 공감을 얻을 수 있다.

서로를 알기 위해 가벼운 대화를 할 수 있는 시간을 만들어야 한다. 업무적 소통만 하지 말고 서로의 업무공간을 자랑하는 랜선 집들이를 하는 것도 좋은 방법이다. 예를들면, 휴대폰을 들고 다니면서 집안 곳곳을 보여주고 설명할 수 있다. 집에서 가장 자랑하고 싶은 공간이나 물건을 소개할 수 있다. 이 방법이 부담스러우면 카메라에 비춰지는 소파 위, 주방 식탁, 개인의 방이든 주변의 공간을 보여주며 대화를 나누고 공감대를 형성할 수 있다.

둘째, 공통관심사를 통해 관계를 만들기

한 연구에 따르면 자신에 대해 재미있거나 부끄러운 이야기를 팀과 공유한 구성원은 그렇지 않은 구성원보다 브레인스토밍 세션에서 26% 더 많은 아이디어를 냈다.[18] 즉 서로 관심사를 공유하며 관계를 만든다면

---

[18] https://slack.com/intl/ko-kr/blog/collaboration/ultimate-guide-remote-meetings

더 창의적이고 참여적인 팀을 만들 수 있다는 것이다.

현업의 리더에게 구성원과의 관계를 구축하기 위해 온라인에서 개인적 대화를 나누는 것이 중요하다고 말하면 "업무 얘기하기도 시간이 부족하지만 요즘 직원들은 개인적인 것을 묻거나 알려고 하면 싫어합니다"라고 대답하는 하는 경우가 많다.

그런 리더들에게는 이런 얘기를 해준다. "리더가 변화환경에서는 부담스러워 하는지 아는 것은 그 자체로도 의미가 있습니다. 하지만 많은 리더들이 대화를 시도하지도 않고 그럴 것이라고 편견을 갖고 구성원을 대하는 경우가 많습니다. 일반적으로 사람들은 자신이 좋아하는 사람과 대화 자체를 싫어하지는 않습니다. 구성원이 리더를 마음으로 받아들이고 좋아하게 된다면 더 큰 영향력을 발휘할 수 있습니다. 사람들은 상대방을 좋아하게 되면 많은 이유가 사라지고 그냥 받아들이게 되죠."

관계를 맺는 데에 효과적인 첫 번째 단계는 상대방의 관심사를 공유하는 것이다. 구성원은 리더가 얼마나 똑똑한 사람인가보다 자신에게 얼마나 관심을 갖고 있는지를 더 중요하게 생각한다. 평소 온라인 회의에서 직원을 파악하기 위한 질문을 하고 기록하자. 다음 회의에서 직원 개인의 관심사와 선호하는 것을 주제로 대화를 시작한다면 더 큰 감동을 줄 수 있다. 구성원은 "저 사람이 어떻게 저런 것까지 알고 있지? 내게 관심이 많구나." 하는 생각을 하며 리더를 신뢰한다.

구성원을 잘 모른다면 사전에 질문을 준비해서 대화를 시작하자. 취미, 학교, 전공, 게임, 음식, 맛집, 배경/동기와 같은 가벼운 주제로 시작해서 신념과 가치관, 꿈 같은 무거운 주제로 이어가야 구성원의 심리적 부담을 줄일 수 있다. 이 대화의 목적은 한 사람과 깊이 있는 대화를 하는 데 있으며 순수한 동기를 갖고 하는 것이 중요하다.

다음은 공통 관심사를 파악할 수 있는 질문 사례다.

배경/동기질문

- 집에서 가장 중요하게 생각하는 물건은 무엇이고 이유가 무엇입니까?

- 요즈음 주로 어떻게 시간을 보냅니까?

- 그것을 하는 이유는 무엇입니까?

- 어떤 음식을 좋아합니까?

- 자주 가는 맛집이 어느 곳이고 그곳에 가는 이유는 무엇입니까?

- 배달음식은 주로 어떤 것을 많이 주문해 먹습니까?

- 자신의 삶에 가장 큰 영향을 미친 사건은 무엇이 있습니까?

- 지금 직장을 선택한 이유는 무엇입니까?

- 앞으로 5년 뒤 어디에서 무엇을 할 생각입니까?

- 그 일을 위해서 지금 어떤 준비를 하고 있습니까?

가치관 질문

- 자신의 삶에서 가장 기뻤던 때, 가장 큰 성취감을 맛본 때는 언제였습니까?

- 자신의 삶에 커다란 영향을 미친 사람은 누구이며 왜 그 사람으로부터 그렇게 큰 영향을 받았습니까?

- 누군가에게 도움을 주었던 경험 중에서 가장 기억에 남는 것은 무엇입니까?

- 행복에 대해 정의를 내린다면 뭐라고 말하겠습니까?

- 현재 자신이 해야 할 가장 중요한 일과 책임은 무엇입니까?

- 예전 상사와 근무하면서 배운 가장 커다란 교훈은 무엇입니까?

- 만약 여행을 떠난다면 가장 가고 싶은 곳은 어디이며 그 이유는 무엇입니까?

셋째, 가벼운 친선 게임을 통해 유대감 쌓기

가벼운 친선 게임을 하면 유대감을 쌓을 수 있다. 온라인에는 무료로 활용할 수 있는 다양한 게임이 있다. 퀴즈대회를 여는 것도 좋은 방법이다. 어린 시절 추억을 떠올릴 수 있는 '못 찾겠다 꾀꼬리' 같은 게임도 유치한 것 같지만 재미있다.

손병호 게임은 온라인 회의에서든 오프라인 회의에서든 어디서든 활용할 수 있는 게임이다. 예를 들어 "안경 쓴 사람 손가락 접어"라고 말하면 해당하는 사람들이 손가락을 접는 게임이다. 한 명씩 돌아가며 상대를 관찰하거나 알고 있는 정보를 말하면, 그 정보에 해당하는 사람이 손가락을 접으면서 마지막까지 남은 손가락 수가 가장 많은 사람이 승리한다. 요즘에는 웹캠 앞에 서서 '무궁화 꽃이 피었습니다'를 하는 경우도 있다.

넷째, 서로 친절함을 잊지 않고 감사 표현하기

"감사를 느끼고 표현하지 않는 것은 선물을 포장해서 전해주지 않는 것과 같다"는 말이 있다. 회의는 대부분 문제와 이슈를 다루기 때문에 서로의 기여에 대해 인정과 감사를 주고받는 일은 드물다. 온라인 회의에서 서로 친절함을 잊지 않고 감사함을 표현하는 기회를 갖는 것이 좋다. 특히 회의 시작 시 간단하게 서로 고마움을 전하는 세션을 갖게 되면 상호 호감도를 높이고 개방적인 자세를 갖게 된다.

온라인 회의에 사용하는 애플리케이션에는 오프라인처럼 포스트잇을 부착하거나 의견을 남기고 협업할 수 있는 다양한 툴들이 있다. 온라인 툴에 감사 페이지를 만들어 서로 인정하고 칭찬하는 시간을 갖는다면 원격근무에서 오는 부정적인 정서와 감정을 약화시키며 연결되어 있다는 소속감을 느낄 수 기회를 만들 수 있다. 감사는 형식적으로 하는 것보다 구체적이며 진정성을 바탕으로 해야 한다. 다음 3단계를 따르면 좀 더 효과적으로 감사를 전할 수 있다.

첫 번째, 그 사람의 구체적인 행위를 말하고

두 번째, 그 사람의 행동이 나에게 준 혜택과 영향이 무엇인지 말하고

세 번째, 마지막으로 감사를 표현한다.

이외에 리더는 공식적인 회의 외에 구성원과 원온원 미팅을 정기적으로 계획하여 개인적인 어려움을 들어주고 호소할 수 있는 기회를 만들거나 코칭을 하는 것도 좋다.

04

온택트 리더의 조건
2. On-Empowerment

 통제 대신 권한을 부여하고 구성원을 참여시키는 임파워먼트

오프라인 회의에서는 리더의 명령과 통제가 어느 정도 작동한다. 하지만 온라인 회의에서는 리더의 명령과 통제가 잘 통하지 않는다. 서로 다른 장소에 있기 때문에 지시한 것을 실행으로 옮기는지 확인하기도 어렵다.

어떤 구성원은 회의 도중에 인터넷을 검색하거나 이메일을 확인하며 딴 짓을 한다. 심지어 노트북 카메라가 고장 났다고 하고 비디오를 끄는 경우도 있지만 리더가 확인할 수 있는 방법이 없다. 이런 이유로 리더는 구성원을 통제하는 대신 온라인에서 권한을 부여하고 무력감을 해소할 수 있는 온-임파워먼트를 실천해야 한다.

구성원은 톱다운top-down 방식으로 통제 받을 때 수동적이고 소극적인 반응을 보이고 방어적인 자세를 갖는다. 반대로 아래로부터 적극적으로 참여하는 바텀업bottom-up 방식은 구성원을 능동적이고 적극적으로 변화시키는 효과가 있다. 최근 들어 리더는 조직 내 파워가 위에서 아래로 흐른다는 기존의 가정에서 벗어나 파워의 크기가 구성원의 상호작용을 통해 확장될 수 있다고 생각하기 시작했다. 이것을 가능하게 하는 것이 임파워먼트다.

임파워먼트는 emgive + powerment 로서 여기서 power는 법률적 의미로 권한authority, 자기효능감의 능력capacity, 에너지energy를 뜻한다. 다시 말해 상대에게 권한, 능력, 에너지를 주는 행위라고 표현할 수 있다. 일반적으로 임파워먼트는 리더가 구성원에게 무력감을 불러일으키는 조건을 확인하고 제거하며 공식적 비공식적인 방법에 의해 제반 여건을 개선시켜 조직 구성원에게 자기효능감(self-efficacy)을 고양시켜주는 과정이다.[19]

참여자의 무력감을 해소하는 두 가지 차원

온-임파워먼트를 위해 제일 먼저 해야 할 일은 온라인 회의에서 구성원의 무력감을 일으키는 구조적 상황과 요인을 제거하는 것이다. 일반적으로 온라인 회의에서 구성원의 무력감을 일으키는 요인은 9가지로 구분된다

---

19 Conger, J. A., & Kanungo, R. N. 1988. The empowerment process: Integrating theory and practice. Academy of Management Review, 3: 471-482.

- 온라인 회의 운영 시 개인 역할 명확성의 결여

- 의사결정에 대한 권한과 참여의 부족

- 회의의 의미와 목표의 부재

- 발언권의 제한

- 지시 일변도의 회의 운영 스타일

- 실패와 문제점만을 찾는 부정적인 회의

- 행동/결과에 대한 이유 설명 결여

- 비인격적 관료적 분위기

- 일방적인 의사소통으로 쌍방향 커뮤니케이션 부족

온라인 회의에서 구성원의 무력감을 감소시킬 수 있는 방법은 관계와 동기부여 차원의 2가지 접근방법이 있다.

관계적 차원의 온-임파워먼트는 구성원에게 참여방식의 온라인 툴을 사용하여 스스로 회의의 그라운드 룰을 정하게 하고 의사결정에 참여시켜 책임과 권한 내에서 문제를 해결할 수 있도록 한다. 일의 맥락과 업무환경에 대한 권한을 구성원에게 위임하는 것이다. 회의의 참가자들에게 리더의 권한을 공유하는 프로세스다.

온라인 회의에서 구성원에게 의사를 결정할 내용과 권한의 수준을 명확히 말해주고 다양한 방식으로 참여시키는 온-임파워먼트의 구체적인 기술과 툴은 3~4부에서 구체적으로 다룬다. 관계적 차원의 온-임파워먼트는 툴 사용을 계획하고 실행하는 것만으로도 실천할 수 있다.

동기부여 차원의 온-임파워먼트는 온라인 회의 시 구성원의 자존감을 높여주는 방법으로 자기효능감을 높이고 회의참여와 성과달성을 위한 동기부여를 강화하는 조건을 형성하는 것이다.

동기부여 차원의 온-임파워먼트는 의미성meaning, 역량competency, 영향력impact, 자기결정성self-determination의 4가지 차원의 행동으로 구성된다.

첫째, 의미성은 구성원이 자신의 일에 중요성을 지각하는 것이다. 리더가 회의의 목적과 의미를 잘 전달하고 업무와 관련한 정보를 충분하게 제공해 줄 때 구성원의 의미성에 대한 지각이 높아진다.

둘째, 역량은 개인이 어떤 과제를 성공적으로 수행할 수 있다는 스스로에 대한 믿음을 갖는 것이다. 리더가 문제해결에 대한 대안을 일방적으로 제시하는 것이 아니라 구성원 스스로 문제를 해결하면서 자신의 능력에 대한 믿음을 높이고 참여와 의견 표현에 대한 역량을 개발할 수 있다.

셋째, 영향력은 자신의 행동과 관련하여 업무결과에 차이를 만들어 낼 수 있는 정도를 말한다. 온라인 회의에서 구성원의 의견이나 아이디어가 반영되고 그것이 실행으로 연결되어 성과를 만들 수 있게 함으로써 영향력에 대한 인지는 더 높아진다.

넷째, 자기결정성은 온라인 회의 시 구성원이 자율성의 느낌을 갖는 정도이다. 리더가 회의 운영을 위한 규칙을 일방적으로 제시하지 않고 구성원 스스로 규칙을 정하게 하거나, 선택할 수 있는 옵션을 제공하는 방법으로 동기부여를 할 수 있다.

온-임파워먼트를 고양하는 다섯 가지 방법

일반적으로 온라인 회의를 운영하면서 참여자의 임파워먼트를 고양하는 방법은 다음과 같다.

첫째, 리더가 구성원 개인에 대한 관심을 표현한다. 구성원의 개인문제나 애로사항에 대해 신경을 쓴다. 재택근무 하면서 어려운 것은 무엇인지, 도움이 필요한 것은 있는지 물어보거나 구성원의 관심 사항에 대하여 충분한 대화를 나눈다. 나아가 개인의 성장과 성공에 관심을 가져주는 것도 필요하다. 이런 일이 구성원의 자기존중감을 높이는 데 중요한 역할을 한다.

둘째, 리더가 솔선수범한다. 리더가 구성원에게 자신의 회의 운영 방식이나 리더십에 대해 피드백을 요청하여 개선하는 모습을 보이거나, 공동으로 정한 회의 그라운드 룰을 솔선해서 준수하는 방법 등이 있다. 회의를 운영하면서 자신의 회의 운영 스타일이나 소통 스타일이 본보기가 되는지도 점검한다.

셋째, 리더가 참여적 의사결정을 유도한다. 구성원이 아이디어나 견해를 제안하도록 리드한다. 구성원의 아이디어나 견해를 잘 경청하고 의견을 제시할 수 있도록 기회를 준다. 또한 의사결정을 할 때 구성원의 의견을 반영하고자 노력해야 한다.

넷째, 리더가 구성원을 코칭한다. 무책임한 리더는 위임을 가장해서 방임을 한다. 업무 성숙도가 떨어지는 구성원에게 당신이 알아서 하라고 얘기하는 것만큼 무력감을 주는 말은 없다. 구성원의 필요와 욕구에 맞게 효과적인 방법들을 제시할 필요가 있다. 또한 리더가 기대하는 행동과 성과만을 얘기할 것이 아니라 그것을 달성하는 데에 필요한 능력을 개발하도록 도와야 한다. 온라인 회의를 할 때 구성원에게 도움이 되는 정보를 준비하여 제공해야 한다. 온라인 회의를 단순히 업무를 관리하고 지시하는 채널을 넘어 학습을 위한 채널로 의미를 확장시킨다.

다섯째, 리더가 정보를 공유한다. 리더는 팀의 결정사항에 대해 그 배경과 의미를 자세하게 설명해야 한다. 또한 조직의 목표에 대해서도 그 근거와 내용을 정확히 말해야 한다. 만약 어떤 정책과 지침이 정해졌다면 그것에 영향을 받는 사람들에게 반드시 제대로 설명해 주고, 그것과 관련한 진행 프로세스와 활동을 구체적으로 말해준다. 리더가 구성원에게 정보를 잘 공유하고 의사결정 과정에 참여시킬 때 구성원의 회의방식과 내용에 대한 공정성 인지가 더 높아진다. 이러한 공정성의 인지는 회의에서 다루는 주제나 업무에 대한 심리적 주인의식에 긍정적인 영향을 미친다. 일반적으로 사람들은 주인의식이 높아지면 더 높은 책임감을 갖게 된다.

05

온택트 리더의 조건
3. On-Facilitation

 리더의 일반적인 대화 방식: 직면적 접근과 교정반사

한 설문조사에 따르면 온라인 회의 참석자 중 23%만이 회의에 집중한 반면, 25%는 이메일을, 27%는 다른 작업을 했다.[20] 또 다른 설문조사에는 온라인 회의에서 리더가 질문을 하면 아무도 대답하지 않거나, 대답할 사람이 있는지 물어도 다들 침묵만 하는 것이 문제라고 나타났다.

"침묵하는 직원에게 발언권을 주기 위해 다양한 방법을 끊임없이 모색하는 것이 리더의 역할이다"

[실리콘밸리의 팀장들]의 저자 킴 스콧이 한 말이다. 비대면의 온택트 방식으로 온라인 회의를 운영하며 구성원을 리드하고 발언을 이끌

---

20 Pullan, P. (2011). 성공적인 가상회의의 7가지 비밀. PMI@Global Congress 2011(EMEA, Dublin, Leinster, Irekand)에서 발표 된 논문, 뉴타운 스퀘어, PA:프로젝트 관리연구소

어 내는 것은 리더에게 가장 중요한 역량이며 해결해야 할 숙제이다. 이는 리더가 온라인 회의에서 퍼실리테이터로서 역할을 할 때 많은 부분 해결된다.

하지만 직면적 접근과 교정 반사와 같은 소통방식에 익숙해져 있는 리더들은 퍼실리테이터로서 역할 전환에 어려움을 느낀다.

직면적 접근은 빠른 시간에 효과적으로 의사를 전달하기 위해 상대에게 "○○하세요" "○○해야 합니다"와 같이 직접적으로 표현하는 것이다. 대부분의 리더들은 회의에서 문제를 지적하고 새로운 행동을 지시하면서 직면적 접근방식의 대화를 선호한다. 이런 리더와 같이 근무하는 구성원들은 침묵하며 듣기만 하는 것이 최고의 전략이라는 생각을 하게 된다.

교정반사는 상대방에게 피드백이라는 명목으로 이런 저런 변화를 요구하거나 태도를 바로잡으려는 행위이다. 교정 반사는 구성원의 문제를 적극적으로 개선하려는 긍정적인 의도를 가진 욕구이지만 오히려 대화의 단절을 초래하곤 한다. 특히 잘못된 방식으로 피드백을 할 경우 구성원의 자존심을 건드려서 마음의 문을 닫게 만든다.

구성원이 회의에 적극 참여하지 않는 또 다른 이유는 회의가 일방적인 발표로 진행되기 때문이다. 한 사람이 발표하면 나머지 사람은 자기 순서가 돌아올 때까지 일방적으로 듣기만 하며 시간을 보내야 한다. 온라인 회의에 정기적으로 참석하는 한 리더는 매번 발표식으로 진행되는 회의가 휴식의 기회라고 말한다. 회의 초반에 자기 발표가 끝나면 마음을 비우고 아무 생각없이 회의 시간을 보낸다는 것이다. 이런 시간을 속 어로 '꿀 빠는 시간'이라고 말한다.

이런 현실을 감안할 때 리더는 온라인 회의에서 구성원이 계속 참여하 고 관심을 갖도록 만들기 위한 치밀한 계획과 준비를 오프라인 회의보다 더 많이 해야 한다. 또한 더 높은 수준의 퍼실리테이션 역량도 필요하다.

온-퍼실리테이션의 개념과 효과

퍼실리테이션은 소를 물가에 끌고 가 억지로 물을 먹이는 것이 아니라 끌고 가기 전에 물을 먹을 수 있는 조건을 만들어 스스로 물을 먹도록 만 드는 것이다. 리더는 온라인 회의의 장점을 활용하여 구성원이 스스로 대안을 찾고 의사결정을 하여 실행하도록 유도해야 한다. 진정한 퍼실 리테이션은 구성원이 "우리가 스스로 한 거야"라는 느낌이 들도록 만드 는 과정이다.

리더가 온-퍼실리테이션 방식으로 회의를 운영하기 위해서는 먼저 권 위의식을 버리고 자신을 드러내야 한다. 또한 리더가 일방적으로 답을 제시하는 행위를 자제해야 한다. 리더가 자신의 능력을 보여주겠다는 태도를 버리고, 구성원의 잠재력을 이끌어 내고 촉진하는 역할을 해야 한다.

기존에 온라인 회의를 목표를 일방적으로 제시하고 예정된 기일에 완 성하도록 독촉하고 압박하고 모니터링의 도구로 생각했던 '프로재촉러' 리더는 사라져야 한다. 대신 구성원이 자발적으로 참여하고 적극적으로 자신의 의견과 아이디어를 내고 실행하여 스스로 해냈다고 생각하도록 이끄는 '프로촉진자', 즉 온-퍼실리테이터가 되어야 한다. 이런 온-퍼실리테이션은 3가지 효과를 가져온다.

첫째, 자기효능감이 높아진다. 리더가 퍼실리테이션 방식으로 온라인 회의를 변화시킨다면 구성원에게 충분한 정보를 제공하고, 의사결정에 참여시켜 자기결정성을 높인다.

둘째, 조직의 성과가 개선된다. 더 많은 정보를 제공받으면 직원들은 존중받는 느낌 때문에 풍부한 아이디어를 제시하려는 동기가 높아지고 이것은 문제해결을 위한 좋은 대안을 창출하여 성과와 생산성을 향상시킨다.

셋째, 합리적 의사결정에 도움이 된다. 다양한 의견을 제시하고 의사결정을 위한 기준을 만들어 머리를 같이 맞대고 함께 결정하기 때문에 합리적인 결과를 도출할 수 있다.

온-퍼실리테이션을 위한 다섯 가지 실행 원칙

리더는 구성원에게 의욕을 불러일으키고 참여를 촉진하는 방식의 커뮤니케이션을 해야 한다. 참여를 촉진하고 동기부여하기 위해서 다음과 같은 다섯 가지 원칙을 활용하면 효과적이다.

- 자존심을 중시하라
- 공감하고 경청하라

- 문제해결에 참여시켜라

- 이해도를 측정하라

- 프로세스를 안내하라

자존심을 중시하라

온라인 회의 시 참여자들의 발언을 중시하고 중요한 존재로 인정한다. 나양한 협업 툴을 사용하는 과정에서 누군가 실수하거나 문제를 일으켰을 때 그를 탓하지 않는다.

참여자들의 능력을 인정해주고 채팅창에 의견을 작성하거나 대답을 했을 때 감사를 표시한다. 잘못된 의견을 제시하더라도 공개적인 비난이나 질책을 하지 않는다. 회의 내내 구성원의 이름을 부르면서 관심을 보인다.

[표현 문구 예시]

- ~님! 먼저 자발적으로 의견을 줘서 감사합니다.

- ○○○님이 채팅창에 가장 먼저 의견을 달아 주셨네요. 적극적인 참여 고맙습니다.

- 지금 얘기는 우리가 생각지도 못한 관점을 갖게 하는 의미 있는 좋은 의견입니다.

- 오늘 한 명도 늦지 않고 정확한 시간에 입장해 주셔서 고맙습니다.

- 지금 아무도 말하지 않는 것이 여러분의 문제가 아니라고 생각합니다. 평소 제가 여러분을 어떻게 대했는지 반성하게 됩니다.

공감하고 경청하라

구성원이 질문하거나 말을 할 때 자세를 올바르게 하고 그의 비디오를 집중해서 보면서 고개를 끄덕이며 듣는다. 그리고 발언의 이면에 깔린 느낌, 기분, 의도를 파악하여 공감을 표현하는 반영적 경청을 한다.

표현 문구 예시

- 재택 근무하면서 일도 하고 아이들을 돌보는 것이 얼마나 힘든 일인지 이해합니다.

- 지금 한 얘기가 ~한 의미이죠? 제가 이해한 것이 맞나요?

- 먼저 이야기를 꺼내는 것이 부담스럽다는 것은 충분히 이해되네요.

- 그런 일이 있었다면 나도 비슷한 심정이었을 겁니다.

문제해결에 참여시켜라

가능한 모두가 참여하고 협업하여 좋은 아이디어를 내도록 기회를 준다. 리더가 회의 운영과 발표방식 그리고 토의 방법에 대해 구성원에게 아이디어를 요구한다. 회의 시작 전 참여자의 기대사항이나 의견을 들어본다.

표현 문구 예시

- 제가 말한 것에 대해 어떤 생각을 갖고 있는지 솔직하게 얘기를 부탁합니다.

- 지금 OOO가 얘기한 이슈를 해결할 수 있는 좋은 아이디어를 채팅창에 올려주세요.

- 오늘 회의를 어떻게 진행하면 짧은 시간에 효율적으로 운영할 수 있을지 좋은 아이

디어를 부탁합니다.

- 제가 이런 방법을 추천해도 될까요?

- 여러분, 이 방법과 저 방법 중에 어떤 것이 좋을지 주석기능을 이용해 선택해 주시겠
습니까?

이해도를 측정하라

내용을 설명하거나 지시사항을 전달하고 다시 확인하는 질문을 한다. 활
동을 안내하고 이해가 되었는지 물어보고 부족한 부분은 다시 설명한다.
협업 툴을 사용하거나 공동작업을 할 때 제대로 진행되는지 확인한다.

표현 문구 예시

- 지금까지 ~에 대하여 얘기를 했는데 좀더 설명이 필요한 부분이 있나요?

- 제가 얘기한 것에 대해 이해도 정도를 채팅창에 10점을 척도로 입력해 주시기 바랍
니다.

- 이제 여러분이 궁금한 것이 다 해결되었을까요?

- 여러분이 작성한 내용을 보니 제 의도를 충분히 이해하고 계신 것 같습니다.

- 00가 이렇게 설명을 했는데 모두 동감하십니까? 혹시 다른 의견을 가지신 분은 안
계십니까?

프로세스를 안내하라

회의 운영에 대한 전체 프로세스를 사전에 설명한다. 온라인 회의 툴 사

용시 리더가 먼저 시범을 보이고 따라하게 한다. 앞에서 했던 얘기를 요약하고 다음 내용을 설명한다. 핵심 내용을 재강조하여 놓치지 않게 한다. 논점에서 어긋나는 참여자의 자존심을 중시하면서 본 궤도로 진입시킨다.

| 표현 문구 예시 |

- 제가 설명한 의도는 이것입니다. 혹시 제 설명이 부족했다면 다시 설명하겠습니다.

- 휴대폰의 ~창을 열고 ppt화면에 안내하는 순서대로 입력하기 바랍니다.

- 토론할 때 제가 아까 보여드린 장표를 참고하기 바랍니다.

- 저희가 쉬는 시간 전에는 ~에 대해 얘기했습니다. 이번 시간에는 하나의 주제를 갖고 소회의실에 입장하여 의견을 교환하는 방식으로 진행됩니다.

▦ 퍼실리테이션을 돕는 툴

리더가 구성원의 의욕을 높이고 참여를 촉진할 수 있는 커뮤니케이션 역량을 갖추있다면 협업과 참여를 자연스럽게 유도할 수 있는 다양한 애플리케이션과 프로그램을 사용하여 온라인 회의의 효과를 높여야 한다.

온라인 회의 애플리케이션 중에는 회의 참여자가 익명으로 개인의 생각과 의견을 표현할 수 있는 것들이 많다. 사람들은 익명으로 자신의 의견을 얘기할 수 있을 때 더 많은 심리적 안전감을 느끼며 더 적극적이고 구체적으로 의사 표현을 한다.

다음은 구성원의 참여를 유도할 수 있는 도구들이다. 회의 유형과 상황별로 잘 선택해서 활용한다면 온라인 회의의 새로운 장을 열 수 있다.

구성원 의견 수렴과 정리

Slido(https://www.sli.do/): 구성원이 PC나 스마트폰으로 참가하여 질문을 받거나 설문에 응답할 수 있는 웹 기반 툴이다. 설문 3개까지 무료로 사용할 수 있다.

Mentimeter(https://www.mentimeter.com/): Slido와 비슷하나 파워포인트 형식으로 설문을 만들 수 있다. 2by2 매트릭스와 같은 형식도 제공하므로 As-Is / To-Be 진단을 할 때도 유익하다. 설문 2개까지 무료로 사용할 수 있다.

아이디어 도출과 문제 해결

Padlet(https://padlet.com/): 구성원이 텍스트, 이미지, 동영상 등을 일정한 형식에 맞게 올릴 수 있는 웹 기반 툴이다. 형식은 자유 형식부터 칼럼 형식, 담벼락 형식 등 8가지가 있어서 다양한 용도로 사용할 수 있다. 무료로 보드를 3개까지 만들 수 있다.

Retrium(https://www.retrium.com/): 애자일 프랙티스 중 하나인 회고 Retrospective를 온라인으로 할 수 있는 툴이다. 아이디어를 모으고 그룹을 만들고 투표를 한 뒤 액션 아이템을 도출할 수 있어서 정기적인 회의나 프로젝트 관리에 적합하다. 무료로 한 달 사용할 수 있다.

지시 내용 전달과 구성원 이해 확인

Articulate(https://articulate.com/): 웹 기반으로 온라인 교육 자료를 만드는 툴이다. 텍스트나 이미지, 동영상 등을 입력하고 단계를 만들어 단계마다 퀴즈를 낼 수 있다. 지식이나 지시 내용을 일방적으로 전달할 때 구성원이 제대로 이해하고 확인했는지 확인하는 용도로 사용할 수 있다.

Notion(https://www.notion.so/): 웹 기반 노트여서 입력과 동시에 저장, 공유가 된다. 일자 별로 표를 만들어 구성원과 공유하면, 구성원이 직접 작성과 편집을 할 수 있고, 코멘트를 달 수도 있다.

업무 시각화와 진도 관리

Trello(https://trello.com/): 구성원이 각자 업무를 칸반 형식으로 시각화하고 서로에게 배정하고 체크할 수 있는 협업 툴이다. Slack이나 Asana에 비해 가볍고 브라우저에서 쉽게 사용할 수 있는 툴이다. 자동화도 가능해서 프로젝트 관리에 유용하다. 일정 한도까지는 무료로 계속 사용할 수 있다.

Miro(https://miro.com/): 화이트보드 기반의 온라인 협업 툴이다. 거대한 화이트보드에 프레임을 만들고 텍스트, 이미지, 동영상, 차트, 사이트 등을 구성원과 함께 삽입하고 공유할 수 있다. 마치 오프라인 회의실, 또는 워룸^{War room}을 온라인에 옮긴 듯한 모습이다. 한 달간 무료로 사용할 수 있다.

조직 활성화 활동과 워크숍

Triviamaker(https://triviamaker.com/): 구성원과 흥겨운 퀴즈를 풀고 싶을 때 쉽게 제작할 수 있고 화면이 화려한 툴이다. 팀을 나눠 점수를 줄 수도 있어서 구성원을 몇 개의 팀으로 나눠 경쟁하면 재밌게 소통할 수 있다. 퀴즈 4개와 두 팀 분할까지 무료다.

Tabletopia(https://tabletopia.com/): 온라인에서 다양한 보드게임을 할 수 있는 툴이다. 매우 정교하고 복잡한 게임도 할 수 있어서 구성원과 오프라인 보드게임방을 자주 다녔다면 온라인에서도 즐길 수 있다.

Goosechase(https://www.goosechase.com/): 스마트폰을 들고 야외를 다

니면서 사진을 찍거나 영상을 제작하는 등 미션을 수행하는 프로그램을 설계할 수 있는 툴이다. 예능 프로그램 '런닝맨'처럼 구성원으로 하여금 일정 기간에 각자 미션을 수행하게 하는 워크숍을 할 때 유용하다. 일정 한도까지는 무료로 사용할 수 있다.

보고나 영업 등 중요한 회의

Zoomit(https://docs.microsoft.com/ko-kr/sysinternals/downloads/zoomit): 화상회의에서 화면을 공유할 때 화면을 확대하거나 그림을 그리거나 타이머를 해주는 무료 유틸리티다. Microsoft사가 공식적으로 추천하는 툴인 만큼 신뢰하고 사용해도 된다. 이 툴은 보고나 회의에서 화면 내용을 자세히 보여주거나 오프라인처럼 펜으로 체크하는 방법을 사용하고 싶을 때 활용할 수 있다.

Krisp(https://krisp.ai/): 화상회의에서 잡음을 없애는 프로그램이다. 키보드 치는 소리나 카페 음악 소리, 주변 사람 소리도 없애므로 중요한 회의에서 사용하기 좋다. 120분 무료로 사용한 뒤 필요하다면 유료로 전환을 추천한다.

ONTACT
LEADERSHIP

PART 2

리더의 성공적인
온라인 회의 실전 기술

01

성공적인 온라인 회의 주재를 위한 4가지 원칙

원칙 1. 회의를 계획하고 준비하라

온라인 회의는 사전에 얼마나 준비에 시간을 투자하는지가 회의의 효과에 큰 영향을 미친다. 이는 단지 기술적인 준비를 의미하지 않는다. 온라인 회의를 성공적으로 운영하기 위해서는 세부 세션의 일정이 미리 계획되어 있어야 한다.

오프라인 회의는 참석자들이 같은 장소에 있는 경우 예정에 없던 회의를 갑작스럽게 운영하기도 한다. 물론 온라인 회의도 모든 사람들이 가상공간에 모일 수 있는 시간이 확인되면 바로 진행할 수 있는 편리성이 있지만 마구잡이로 아무 때나 진행하면 비싼 대가를 치르게 된다.

이런 이유로 온라인 회의는 가능하다면 회의 일정을 미리 잡는 것이 좋다. 또한 회의 의제와 운영에 필요한 지침을 사전에 배포해야 효율적이고 성공적인 회의를 운영할 수 있다.

만약 회의의 목적과 목표가 무엇인지, 자신들이 무엇에 대해 이야기할 것인지 어떤 방식으로 운영되는지 미리 알지 못한다면 심리적으로 준비가 덜 되어 회의에 몰입하는 데 더 많은 시간이 든다. 리더도 이런저런 설명을 더 많이 하게 되면서 시간만 낭비한다.

회의 의제에는 다음의 내용을 포함하자.

- 회의의 목적과 결과물
- 회의 운영 프로세스

  -회의 논제 토론 순서 및 운영시간
- 회의 참석 대상자(구성원/팀)
- 회의 참석자 준비 사항 및 역할과 책임

  - 퍼실리테이터, 시간관리자, 회의록 작성자
- 회의에 필요한 관련 문서 및 파일, 접속 사이트 정보 등

원칙 2. 효율적인 회의를 위한 지침을 제시하라

온라인 회의는 인터넷을 이용하기 때문에 어느 정도 시간 지연이 발생한다. 보통 화자가 말한 후에 청자는 0.1초에서 1초 후에 말을 듣게 된다. 그래서 여러 명이 한꺼번에 말하면 목소리가 겹치고 꼬이게 되는 현상이 발생한다. 오프라인 회의에서 하듯 여러 명이 동시에 말하면서 토론하면 혼란스럽다.

온라인 회의의 이런 특성 때문에 회의 의제와 함께 고려해야 될 것이 회의지침이다. 회의 참가자는 자신이 회의에 어떤 방식으로 참여하고 기여할 수 있는지 알고 싶어한다. 예를 들어 다른 사람이 발표할 때 중간에 의견을 말할 수 있는지, 다 끝나고 질의응답 시간이 주어지는지, 또는 다른 사람이 말하는 동안 음소거를 해제하거나 카메라를 끌 수 있는지, 중간에 다른 일이 생기면 회의에서 나갈 때 어떤 조치를 취해야 하는지 알려 줘야 한다.

회의의 목적에 따라 다르겠지만 일반적으로 온라인 회의에서 지켜야 할 지침과 에티켓은 다음과 같다. 이와 같은 지침과 에티켓은 회의 운영 전 적어도 하루 전에 배포하고, 회의를 시작할 때 다시 알려주는 것이 좋다.

- 구성원이 서로 모를 경우 간단하게 소개하는 아이스 브레이크 시간을 갖는다
- 다른 사람이 말할 때 다른 행동(스마트폰 사용, 인터넷 검색, 이메일 작성 등)을 하지 않는다
- 다른 사람이 말할 때 끼어들지 않는다
- 회의 전에 미리 로그인 하고 오디오, 비디오, 네트워크를 점검한다
- 사전에 배포한 의제를 읽고 요구하는 역할에 맞게 준비한다
- 휴대전화를 무음으로 하고 PC의 알림을 끈다.
- 소음이 있는 환경에서는 말하지 않을 때 마이크를 끈다.

원칙 3. 상호작용을 하라

오프라인 회의실은 물리적인 환경이 위계적으로 설계되어 있는 반면 온라인 회의는 상석이 없는 수평적 구조다. 물론 IT기업이나 스타트업은 지정 좌석을 없애거나 사무환경을 수평적으로 설계한 경우가 많지만 전통적인 기업은 여전히 좌석의 배치순서가 지위를 나타내는 경우가 많다. 어떤 기업에서는 온라인 회의에서 상석이 어디인지 고민한 끝에 상사를 왼쪽 상단 끝으로 옮겼다는 '웃픈' 이야기가 있다.

회의는 본질적으로 의사소통의 과정이기 때문에 상호작용을 중요시해야 한다. 온라인 상에서의 상호작용을 체계적으로 분류한 마이클 무어Michael Moore는 상호작용을 세 가지 유형으로 분류했다.[21]

첫째, 청자와 내용의 상호작용이다. 회의는 구두, 문서, 이미지 등 컨텐츠를 통해 전달되므로 컨텐츠의 형식이 온라인에 적합한지 점검해야 한다. 이를 위해서 참여자 입장에서 공유 컨텐츠를 확인하는 사전 리허설을 해야 한다. 또한 카메라에 비춰지는 프레임이 전달하려는 내용에 방해가 되지 않도록 중립적인 배경을 사용하는 것이 좋다. 일반적으로 방이 작고 부드러운 가구가 많을수록 온라인 회의의 오디오가 더 좋아진다. 참가자가 다운로드 하거나 연결할 소프트웨어의 링크 등이 제대로 작동되는지 접속 테스트를 하는 것도 중요하다.

---

21 마이클 무어(Michael Moore, 1993)의 논문 내용을 다음 논문에서 재인용하였다. 임철일·김혜경·김동호 (2012), 글로벌 공학교육의 원격화상강의에 대한 학습자 만족도분석, Journal of Engineering Education Research, V15, No. 4, pp. 66~75.

둘째, 청자와 화자의 상호작용이다. 화자가 청자의 이해도와 동기를 파악하고 이를 향상시키기 위한 행위를 의미한다. 화자는 청자에게 적절한 피드백을 제공하고 관련 내용을 설명하고 전체적인 프로세스를 안내해야 한다. 특히 말을 할 때는 오프라인 회의보다 더 명확하게 발음하기 위해 노력해야 한다. 적절한 퍼즈pause를 사용하여 청자가 정보를 흡수하고 집중하게 만들 필요가 있다.

회자는 복장도 신경 써야 한다. 줄무늬가 있는 옷은 카메라에서 잘 전송되지 않고 주의를 산만하게 할 수 있다. 면대면 회의에서는 얼굴의 표정, 목소리의 톤, 바디 랭귀지 같은 중요한 단서를 읽을 수가 있다. 그러나 온라인 회의는 웹캠이 얼굴과 어깨를 중심으로 비추기 때문에 그런 단서를 읽기 어렵다. 이런 이유로 참여자들과 커뮤니케이션 하는 데 더 많은 주의를 기울여야 하며 특히 얼굴의 표정을 중요한 소통의 수단으로 사용해야 한다.

셋째, 청자와 청자 간의 상호작용이다. 온라인 회의에서도 오프라인 회의와 같이 청자 간의 상호작용을 사전에 설계하여 문제해결을 위한 고차원적인 의사소통을 할 수 있다. 회의 처음부터 끝까지 한 명씩 발표하는 방식보다는 사전에 회의자료를 모두에게 배포하여 상호 질문할 수 있는 기회를 부여하거나 피드백을 주고받는 방식이 효과적이다. 또는 다양한 온라인 퍼실리테이션 툴을 사용하여 참여자들이 의견을 내고 서로 평가하여 의사결정을 하거나 소회의실을 개설하여 토론식으로 운영할 수 있다.

리더들은 오프라인 회의방식에서 벗어나야 하며 온라인 회의의 기회를 활용하고 문제점을 극복하는 다양한 시도를 해야 한다. 이 책에서 다루는 다양한 툴과 기술을 활용한다면 오프라인 회의보다 더 효과적인 상호작용이 가능할 것이다.

원칙 4. 보이는 라디오 DJ가 되라

훌륭한 라디오의 DJ는 청취자의 얘기와 사연에 관심을 보이며 다른 청취자에게 전달하는 중계자 역할을 한다. 라디오 DJ는 청취자의 댓글과 사연을 놓치지 않고 요약하고 정리해서 전달한다. "OOO님이 이런 내용을 보내셨는데 우리 마음을 따뜻하게 해주는 사연인 것 같습니다. 사연 감사합니다."

라디오 DJ는 전화 연결된 청취자와 대화를 나눌 때 상대가 하는 말을 다시 반복하는 반영적 경청을 활용한다. 이렇게 하면 청취자는 자신의 이야기에 관심을 갖고 공유해 주는 DJ의 얘기에 집중한다.

화상회의 툴에는 채팅 기능이 있다. 참가자들이 채팅 기능을 활용하도록 권장하고 채팅창에 새로운 내용이 올라올 때마다 관심을 가져야 한다. "OOO님이 이런 내용을 올려 주셨는데 중요한 생각인 것 같습니다. 좋은 제안에 고맙게 생각합니다."와 같이 채팅 내용을 읽고 감사를 표해야 한다. 화상회의에서 얘기를 할 때는 구성원의 이름을 꼭 부르고 질문도 하고 경청을 하고 있는지 확인도 해야 한다. 다른 구성원이 얘기할 때도 고개를 끄덕이고 경청하는 모습을 보여야 한다.

02

화상회의 최적 장소 선정 및 화면·장비 세팅

브라질 대통령이 참가한 회의에 알몸 직원 나타나

코로나19가 남미를 강타하자 브라질도 각종 회의를 화상회의로 전환했다. 상파울루 경제인연합회가 주최한 한 화상회의에는 브라질 대통령이 참여했는데, 이 회의에 한 직원이 갑자기 벌거벗고 나타나 몸에 비누칠을 하기 시작했다.

회의 주재자가 "논의가 뜨겁다 보니 찬물로 씻으러 간 것 같습니다." 라고 말하자, 브라질 대통령이 "안타깝지만 우리 모두 본 것 같습니다. 좀 흔들리기는 했지만, 확실히 보고 말았습니다."라고 맞받아쳤다. 이 일은 연합회 직원이 스마트폰으로 회의에 참가하다 쉬는 시간에 잠시 샤워하러 갔는데 마침 스마트폰 카메라를 실수로 켜서 생긴 돌발 상황이었다.

문제는, 이런 비슷한 일이 자주 발생한다는 것이다. 집에서 회의하다 보면 직원 뒤로 가족이 나타나거나 배우자가 속옷만 입고 돌아다니는 모습이 보이곤 한다. 심지어 회의 참석자가 실수로 카메라를 아래로 내려 속옷이 보이는 민망한 상황이 생기기도 한다.

이런 일을 단순 실수로 넘길 수도 있지만 때에 따라서는 성희롱이 될 수도 있다. 녹화를 했다면 사생활 침해 소지도 있다. 특히 리더가 이런 실수를 하면 직장내 괴롭힘 등 크게는 법적인 문제가 될 수도 있다.

화상회의 실수를 미연에 방지하는 장소와 자리 선택

이런 실수를 방지하는 방법은 간단하다. 벽을 등지고 앉으면 된다. 벽을 등지고 앉으면 뒤에 사람이 지나갈 수 없기 때문에 갑자기 리더의 비디오에 가족이 나타나거나 할 일이 없다. 이때 출입문 맞은편 벽을 등지고 앉아야 한다. 그래야 문을 열고 들어오는 사람을 먼저 확인할 수 있다. 집이 아니라 회의실이나 카페에서 화상회의를 할 때도 마찬가지다. 최대한 구석에 있는 자리를 선택해서 벽을 등지고 앉는다.

그러나 벽을 등지고 앉을 경우 벽이 지저분하거나 벽지 색이 리더의 피부 색과 비슷하면 가상배경을 사용하기 어렵다. 이때 크로마키 천(그린 스크린)을 사서 벽에 붙이는 것이 좋다. 구성원과 랜선 회식을 할 때 ZoomExotic.com에서 재밌는 배경 이미지나 동영상을 찾아서 가상배경으로 사용하면 구성원과 친밀감을 높이면서 재밌게 랜선 회식을 즐길 수 있다.

녹색 크로마키 천은 인터넷에서 1~2만원에 구입할 수 있다.

화상회의에서 가상배경은 오프라인에서 넥타이와 같다.
ZoomExotic.com에서 다양한 가상배경을 내려 받을 수 있다.

노트북을 올려 두는 책상은 움직이지 않고 견고할수록 좋다. 책상이 흔

들리면 노트북 웹캠도 같이 흔들려서 비디오에 흔들림이 생긴다.

여기서 책상을 한 가지 추천한다. 바로 모션데스크다. 모션데스크는

화상회의가 잦은 리더라면 모션데스크를 추천한다.

높낮이를 조절할 수 있는 책상이다. 모션데스크를 사용하면 서서 회의를 할 수 있으므로 허리나 목 건강에 좋다. 또한 서서 회의하면 앉아서

회의할 때보다 다양한 몸동작을 보여줄 수 있다. 전모션 데스크 가격은 30만 원부터 100만 원까지 다양하므로 상황에 맞게 선택한다. 모션 데스크를 사용할 수 없으면 책상 위에 박스 같은 것을 올리거나, 낮은 책장을 활용할 수도 있다.

낮은 책장에 노트북을 올려놓고 서서
화상회의를 하는 것도 좋다.

줌바밍 예방법: 비밀번호, 대기실, 방 잠그기

화상회의에 낯선 사람이 나타나서 욕을 하거나 은밀한 부위를 보여주는 등의 행위를 줌바밍Zoom Booming이라고 한다. 어떤 사람들은 줌바밍을 하기 위해 특정 화상회의에 일부러 접속하기도 하지만, 대부분은 실수로 엉뚱한 화상회의에 입장해서 생기는 일이다. 따라서 화상회의 호스트가 비밀번호 적용, 대기실 사용, 방 잠그기 등의 기능을 사용하여 줌바밍을 쉽게 막을 수 있다.

비밀번호 적용은 가장 쉬운 방법이다. 화상회의를 개설할 때부터 비밀번호를 적용하고 참가자에게만 메일이나 메신저로 비밀번호를 알려주면 된다. 비밀번호를 모르면 해당 화상회의에 참가할 수 없으므로 줌바밍을 어느 정도 방지할 수 있다.

회상회의의 대기실 기능을 사용하는 것도 좋다. 대기실 기능을 사용하면 참가자가 화상회의에 바로 들어올 수 없고 대기실에 먼저 머문다. 이때 회의 호스트가 참가자 이름 등을 확인하고 입장을 수락해야 참가자가 화상회의로 들어올 수 있다. 호스트가 대기실에 있는 참가자를 일일이 확인해서 참가를 수락해야 하므로 번거롭기는 하다. 하지만 다른 팀이나 고객, 외부인과 공개 회의를 한다면 대기실 기능을 사용하는 것을 추천한다.

방 잠그기 기능은 참가자가 모두 들어왔을 때 더는 다른 사람이 참가하지 못하도록 하는 기능이다. 참가자가 모두 입장했다면 방을 잠그는 것이 줌바밍을 막는 좋은 방법이다.

화면을 공유할 때 상황을 장악하는 방법

리더가 회의를 주재할 때 구성원 중 한 명에게 화상회의를 개설하게 하고 호스트 역할을 시킬 때가 있다. 그러나 이런 경우라도 리더는 회의를 주재하는 사람이므로 모든 상황을 장악할 수 있어야 한다. 오프라인 회의실에서 문에서 가장 멀고 모든 참가자를 볼 수 있는 자리에 리더가 앉는 이유도 그 회의를 장악하기 위함이다. 화상회의에서 리더가 장악해야 할 것은 다음과 같다.

- 본인 비디오
- 참가자 비디오
- 참가자 목록
- 대기실
- 채팅창
- 화면을 공유할 경우 본인 화면
- 참가자가 못 보는 화면
- 참가자가 보는 화면(PC, 태블릿, 스마트폰 등)
- 현재 시간, 참고 자료 등

이런 것을 모두 볼 수 있게 장비를 세팅하는 방법을 알아보자.

우선 노트북을 사용한다고 가정하자. 노트북은 화면이 하나뿐이라서 여러 상황을 보기 어렵다. 따라서 보조 모니터를 노트북에 연결하고 화면 설정을 '디스플레이 확장'으로 선택한다. 여기에 스마트폰을 추가하면 다음과 같이 화면을 구성할 수 있다.

- 노트북 화면: 구성원에게 공유하는 화면

- 노트북과 연결한 보조 모니터 화면: 화상회의 비디오 갤러리 화면

- 스마트폰 화면: 구성원이 화상회의에서 보는 화면

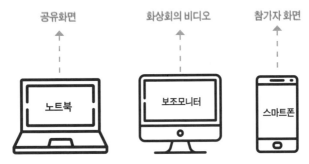

노트북, 보조 모니터, 스마트폰을 조합하면 화상회의를 장악할 수 있다.

보조 모니터를 사용할 수 없다면 '화면'을 공유하는 대신 특정 애플리케이션(파워포인트나 브라우저 등)을 공유하는 것이 좋다. 이때 애플리케이션의 크기를 줄여서 화면을 효율적으로 배치하는 것이 중요하다.

목소리가 울리거나 반복하는 현상이 생길 때

스마트폰 스피커에서 흘러나온 자신의 목소리가 노트북 마이크로 들어가서 소리가 울리거나 반복하는 현상이 생길 수 있다. 이때는 스마트폰의 오디오 연결을 완전히 종료해야 한다. 예를 들어 ZOOM이라면 다음

그림처럼 스마트폰에서 컴퓨터 오디오 사용을 완전히 종료해야 소리가 울리거나 반복하는 현상을 막을 수 있다.

오디오 연결을 완전히 끊은 상태다.

만약 다음 그림처럼 오디오가 연결되어 있는 상태에서 음소거만 되어 있다면 소리가 울리거나 반복하는 현상이 생길 수 있다.

오디오가 연결되어 있고 마이크만 끊은 상태다.

구성원에게 보이지 않게 PC 작업하기

보조 모니터 없이 노트북 하나만 가지고 화상회의도 하고 다른 문서 작업도 하려면 화면이 작아서 많이 불편하다. 이때는 모니터의 해상도를 높여서 화면을 크게 사용하는 방법이 있다.

하지만 노트북 모니터 크기가 한정적이어서 해상도를 많이 높이기 어렵다. 이때 사용할 수 있는 방법이 가상 데스크톱이다. 가상 데스크톱은 윈도우 10 기본 기능이므로 따로 설치 없이 사용할 수 있다.

윈도우는 디스플레이 설정에서 화면 해상도를 높일 수 있다.

사용 방법은 간단한다. 키보드의 윈도우 키와 Tab 키를 동시에 누르면 가상 데스크톱 선택 화면이 나타난다. 맨 위에 있는 새 데스크톱 추가를 클릭하면 새 가상 데스크톱 화면을 만들 수 있다. 마치 보조 모니터를 연결한 것과 비슷한 효과를 낸다.

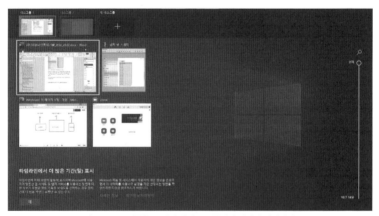

윈도우+Tab 키를 누르면 가상 데스크톱 선택 화면이 나타난다.

새로 나타난 데스크톱 화면에는 실행 중인 애플리케이션(화상회의 툴, 브라우저, 문서 등)이 하나도 나타나지 않는다. 다른 데스크톱으로 이동하려면 윈도우 키와 Tab을 누른 뒤 화면 위에서 이전 데스크톱을 클릭하면 된다.

가상 데스크톱을 사용할 때는 화상회의 툴에서 '화면'을 공유하면 안 된다. 만약 '화면'을 공유하면 가상 데스크톱을 사용해도 지금 모니터에 나타난 화면 자체가 공유되므로 구성원에게 다 보인다. 따라서 가상 데스크톱을 사용할 때는 '화면' 공유 대신 특정 애플리케이션을 공유해야 한다.

화상회의에 적합한 노트북 사양

화상회의에 적합한 PC는 당연히 노트북이다. 데스크톱 PC는 웹캠, 마이크, 스피커가 따로 없어서 화상회의를 위해 별도로 구매하면 비용도 더 들고 책상 위가 지저분하다. 웹캠, 마이크, 스피커가 내장된 노트북을 사용하는 것이 깔끔할 뿐만 아니라 장소나 자리를 바꾸기 편리하다.

이미 업무용 노트북을 사용하고 있다면 보통의 화상회의를 하는 데에 큰 지장은 없다. 다만 노트북 CPU나 메모리의 사양이 낮거나 다른 프로그램이 CPU나 메모리를 과다 점유하고 있을 때에는 화상회의에서 튕기거나 화면이 멈추거나 마우스 커서 움직임이 느려지는 현상이 생긴다.

노트북을 산 지 3년이 넘었거나, 최근에 샀더라도 사양이 낮은 노트북이라면 최신형으로 바꾸는 것이 좋다. 화상회의 툴마다 PC의 최소 사양과 권장 사양을 제시하고 있으므로, 리더라면 권장 사양 이상 되는 노트북을 사용해야 한다. 다음은 주요 화상회의 툴의 CPU와 메모리 권장 사양이다.

화상회의 툴	CPU 권장 사양	메모리 권장 사양
ZOOM	Dual-core 2Ghz 이상 Intel i3 이상	4G 이상
Webex	Intel i5 6세대 이상	4G 이상
Teams	Dual-core 1.6Ghz 이상	4G 이상

주요 화상회의 툴의 시스템 권장 사양

그런데 여기서 중요한 것이 있다. 화상회의 툴의 권장 사양은 화상회의 툴만 사용할 때 최적의 성능을 발휘하는 것을 의미한다. 만약 화상회의 툴을 사용하면서 동시에 인터넷 브라우저를 열어 여러 웹사이트에 접속하면서 파워포인트 파일을 공유하고, 그룹웨어 결재 시스템과 사내 메신저 등을 열어서 사용하면 당연히 노트북 성능이 부족해진다.

화상회의를 더 안정적으로 사용하려면 화상회의 툴이 제시하는 권장 사양보다 높은 사양의 노트북이 필요하다. 게다가 화상회의 자체가 비디오 그래픽 기능을 어느 정도 요구하므로, 그래픽 카드(GPU)가 추가된 노트북이 좋다. 적어도 다음 사양 이상의 노트북을 추천한다.

- CPU: Intel i5 9세대 이상(i5 9th, i5 10th, i7 9th, i9 10th)

- 메모리: 8G, 또는 16G

- GPU: 외장 그래픽 카드 필수(MX 100 이상 또는 GTX 1000 이상)

여기에 덧붙여 웹캠, 마이크, 스피커 사양도 있다. 보통 노트북에는 HD(760p) 웹캠이 장착되어 있다. 화상회의 툴은 보통 네트워크 대역폭에 따라 비디오 화질을 FHD, HD, HQ로 자동 변경한다. 그런데 일반 가정에서는 대역폭이 아주 높지 않아서 대부분 HD 이하로만 비디오를 전송하거나 수신한다. 따라서 FHD 웹캠이 있어도 그만큼 성능을 발휘할 수 없다.

그러나 유튜브 스트리밍이나 웨비나를 한다면 FHD급 웹캠이 있어야 한다. 유튜브 스트리밍이나 웨비나는 화상회의와 달리 FHD로 녹화하여 전송할 수 있기 때문이다.

마이크는 고감도일수록 더 좋은 것은 아니다. 마이크 감도가 높으면 노트북 키보드를 두드리는 소리까지 상대에게 전달된다. 리더에게 적절한 마이크는 3만 원 정도 하는 USB 핀 마이크다.

스피커는 노트북 특성상 따로 선택하기 어렵다. 노트북 스피커 소리가 작으면 작은 블루투스 스피커를 사용하는 것도 좋은 방법이다. 헤드셋은 권장하지 않는다. 헤드셋을 끼고 회의를 오래 하면 귀가 아프기도 하고 청력이 안 좋아진다.

03

알면 도움되는 화상회의
툴의 종류와 핵심 기능

화상회의 툴은 종류도 많고 툴마다 화면 구성이 다르고 기능도 다양해서 능숙하게 사용하기 쉽지 않다. 그러나 화상회의 툴의 기원과 종류를 이해하면 어떤 툴을 만나든 빠르게 감을 잡아 쓸 수 있고 회의에 적합한 화상회의 툴을 선정할 수도 있다.

화상회의 툴의 기원은 크게 컨퍼런스 콜, 협업 메신저, WebRTC, 화이트보드, 직접 개발 등 다섯 가지로 나뉜다.

컨퍼런스 콜에서 태어난 Webex와 ZOOM

컨퍼런스 콜은 회의실에서 사용하는 원격 회의용 전화기다. 컨퍼런스 콜에서 발전한 화상회의 툴의 화면을 자세히 보면 비디오 아이콘보다 오디오 아이콘이 왼쪽에 먼저 보인다. 오디오에서 시작했기 때문에 당연히 오디오 기능이 먼저 나오는 것이다.

컨퍼런스 콜에서 진화한 화상회의 툴은, Cisco가 2007년에 인수하여 서비스하는 Webex가 있고, 이 Webex 팀이 Cisco를 나와 2011년에 설립한 Zoom Video Communications 사가 서비스하는 ZOOM이 있다.

Webex는 Cisco가 네트워크 장비 회사여서 B2B 성격이 강하다. 주로 대기업 내부에서 사용하는 소프트웨어처럼 배경은 회색이고 메뉴는 상단에 있다. ZOOM은 처음부터 B2C 서비스로 만든 것이어서 배경이 검고 메뉴 대신 하단에 큰 아이콘이 있다.

Webex는 전형적인
B2B 소프트웨어다.

ZOOM은 딱딱한 Webex를
나름 세련되게 디자인했다.

협업 메신저에서 태어난 Teams

스마트폰 메신저에 화상회의 기능을 추가한 것이 MS Teams다. Teams 는 컨퍼런스 콜에서 시작한 것이 아니라 텍스트 기반 메신저에 화상회 의를 바로 추가한 것이므로 오디오 아이콘보다 비디오 아이콘이 먼저 나타난다.

또한 팀 단위 협업 서비스와 연계하는 것이 특징이므로 참가자를 관 리하거나, 대화 내용을 게시물로 등록하거나, 협업 서비스의 콘텐츠를 쉽게 공유할 수 있는 기능이 많다.

WebRTC를 기반으로 만든 구루미, 리모트미팅…

WebRTC는 웹 브라우저에서 실시간 통신이 가능하게 하는 통신 규칙인 데, 구글이 주도하여 2012년에 1.0 버전이 발표되었다. 따라서 WebRTC 기반의 화상회의 툴은 모두 구글 크롬 계열의 웹 브라우저에서 작동한 다. WebRTC를 기반으로 만들어진 화상회의 툴의 장점은 소프트웨어를 설치할 필요가 없다는 것이다. 아무 때나 필요할 때 바로 웹 브라우저에 서 화상회의를 할 수 있어 매우 편리하다.

WebRTC 기반의 화상회의 툴은 웹사이트와 비슷해서 화면 구성이나 기능이 자동으로 업데이트된다. 그래서 어느 순간에 갑자기 새로운 기 능이 생기거나 화면이 바뀌어서 혼란을 줄 때가 많다.

웹 브라우저 자체가 PC의 CPU나 메모리 관리를 잘 못하기 때문에 PC 성능이 좋지 않으면 브라우저가 멈추거나 자동으로 닫히는 현상이 발생

Teams는 참가자와 채팅 아이콘을 먼저 보여준다.
스마트폰에서 작동하는 것이 특징이므로 나가기 버튼에 옛날 수화기 그림이 있다.

할 수도 있다. 그러면 당연히 화상회의도 중지되거나 종료된다.

웹 브라우저가 카메라, 마이크, 스피커 설정을 하므로 웹 브라우저에서 설정을 잘못하였다면 아무리 화상회의 툴의 설정을 바꿔도 소용없다. 이때는 브라우저 설정에서 실제 사용할 마이크, 스피커, 카메라를 선택해야 한다. 예를 들어 크롬 브라우저에서는 설정 > 개인정보 및 보안 > 사이트 설정에서 화상회의 사이트에 권한을 부여하거나 카메라 등을 설정할 수 있다.

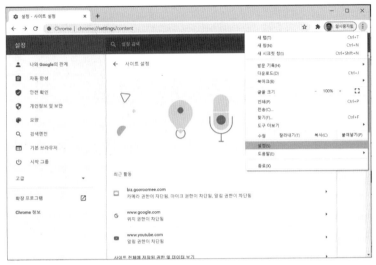

WebRTC 기반의 화상회의 툴은 웹 브라우저의 설정을 따른다. 보통 웹 브라우저 설정의 개인정보 및 보안 항목에서 마이크나 카메라 설정을 확인하거나 변경할 수 있다.

화이트보드 툴에서 부가 기능으로 제공하는 화상회의

Beecanvas, Mural, Miro 등 화이트보드 방식의 협업 툴이 화상회의 기능을 제공하는 경우가 있다. 이런 툴은 원래 화이트보드를 기반으로 여러 참가자가 협업하여 그림도 그리고 문서도 만들고 칸반 작업을 하는 툴인데, 여기에 WebRTC 기반의 화상회의 기능을 추가한 것이다.

이런 툴의 단점은 참가자 수가 적다. 기존 화이트보드 툴이 컴퓨터 메모리를 많이 점유하는데 여기에 비디오가 늘어나면 PC 성능에 큰 영향을 끼친다. 그래서 저성능 PC는 커서가 멈추거나 브라우저가 닫히곤 한다. 따라서 이런 툴은 10명 이내 소규모 회의에서 사용하는 것이 좋다.

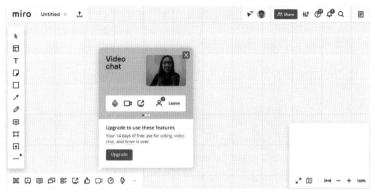

Miro는 화상회의를 유료 버전에서만 제공한다.

직접 개발한 화상회의 프로그램

화상회의 프로그램 자체를 만드는 것은 그리 어려운 일은 아니다. 실제로 국내 10대 그룹이나 IT 대기업은 계열사나 자체 IT부서에서 개발한 화상회의 프로그램을 사용한다. 이런 프로그램은 주로 내부 직원만 사용하므로 서비스 관리가 상용 툴에 비해서는 좋지 않다. 새로운 기능 업데이트도 느리고 네트워크를 충분히 확보하지 못해서 속도나 비디오 화질도 좋지 않다.

리더 입장에서는 보안이 필요한 회의에 사내 화상회의 프로그램을 쓰고, 보안이 필요 없는 회의에는 ZOOM 같은 상용 화상회의 툴을 쓰는 등 상황에 맞게 선택 사용하는 것이 좋다.

내 PC의 마이크, 스피커, 카메라를 정확히 선택하기

화상회의 툴은 PC에 연결된 마이크, 스피커, 카메라 중에서 원하는 것을 선택할 수 있게 해준다. 이때 실제로 사용하는 마이크, 스피커, 카메라를 선택해야 화상회의를 제대로 할 수 있다.

리더는 보통 노트북에 마이크, 스피커, 카메라가 하나씩 있을 거라 생각한다. 하지만 실제로는 가상 마이크, 가상 스피커, 가상 카메라가 있을 수 있다. 동영상 편집 프로그램이나 3D 아바타 프로그램, 또는 오디오 변조 프로그램 같은 것을 설치하면 가상의 마이크, 스피커, 카메라를 만들어낸다. 어떤 화상회의 툴은 이들 가상 장비의 목록도 선택할 수 있게 한다.

가끔 카메라를 잘못 선택해서 비디오가 안 보이는 현상이 종종 생긴다. 이때는 카메라 목록을 찾아서 실제로 사용하는 카메라를 선택해야 한다.

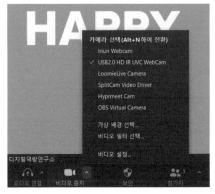

스마트폰 카메라 연동 프로그램이나 3D 아바타 프로그램, OBS 등 방송 프로그램을 설치하면 자동으로 가상 카메라가 만들어진다. 화상회의를 할 때는 실제로 사용하는 카메라를 잘 선택했는지 확인해야 한다.

화면 공유는 화면, 윈도우, 파일, 오디오만 알면 끝

모든 화상회의 툴은 화면 공유 기능을 제공한다. 화상회의시 참가자가 각종 자료를 같이 보면서 회의하기 위해서다. 화상회의 툴 대부분이 화면, 화면의 일부, 화이트보드, 윈도우, 오디오, 카메라 등 다양한 공유 기능을 제공한다.

'화면'은 디스플레이, 즉 모니터를 의미한다. 노트북이라면 보통 화면 1, 또는 디스플레이 1로 표시되어서 모니터에 보이는 것 전체를 공유한다. '화면' 공유일 때는 화면에 있는 애플리케이션을 모두 닫아도 바탕화면이 상대방에게 공유되므로 여러 문서를 번갈아 보여줄 때 좋다. 터치스크린이나 Zoomit과 같은 스케치 유틸리티를 사용할 때는 반드시 '화면'을 공유해야 한다.

'화이트보드'는 그림을 그릴 수 있는 화이트보드를 공유하는 것이다. 윈도우에서 작동하는 화상회의 툴에서는 윈도우 기본 화이트보드 프로그램이 실행되고, 웹 브라우저에서 작동하는 화상회의 툴에서는 자체 화이트보드 애플리케이션을 보여준다.

'윈도우' 공유는 실행 중인 애플리케이션을 공유하는 것이다. 화상회의 툴에 따라 브라우저 탭을 공유할 수 있는 것도 있다.

오디오만 공유하는 것도 가능하다. 만약 비디오를 공유한다면 '오디오 공유'를 체크해야 구성원에게 소리를 전달할 수 있다. 비디오를 공유할 때는 초당 프레임 수FPS를 높여야 구성원 PC에서 끊김 없는 비디오를 볼 수 있다. ZOOM이나 Webex처럼 설치형 프로그램에서는 '전체 화면 비디오 클립으로 최적화' 등을 체크하면 초당 프레임 수를 30까지 높여서 공유하므로 비디오 끊김을 줄일 수 있다.

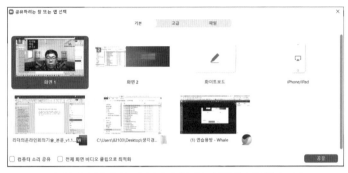

다양한 화면 공유 옵션을 이해하면 화상회의를 더 원활하게 주재할 수 있다.

화상회의 툴 설정과 공동 호스트 활용

화상회의 툴을 시작하기 전에 여러가지 순서대로 설정할 것이 많다. ZOOM은 zoom.us 홈페이지에서 설정한 대로 데스크톱 프로그램에 적용된다. 예를 들어 zoom.us에서 소회의실 기능을 활성화하지 않으면 ZOOM 데스크톱 화면에 소회의실 아이콘이 나타나지 않는다.

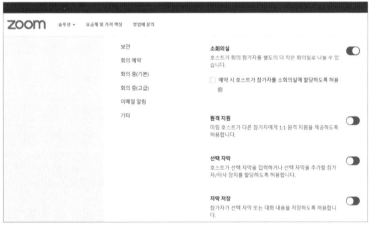

ZOOM은 소회의실 기능을 제공한다. 하지만 zoom.us 설정 화면에서 소회의실을 활성화해야 ZOOM 데스크톱에서 소회의실 관리 아이콘이 나타난다.

화상회의 툴은 참가자를 호스트, 공동 호스트, 게스트로 나눠서 권한을 달리 부여한다. 호스트는 방을 개설하거나 종료하거나 참가자를 내보내거나 하는 모든 권한을 가진다. 호스트가 특정 게스트를 공동 호스트로 만들 수 있는데, 이렇게 하면 공동 호스트가 호스트와 유사한 권한을 행사할 수 있다.

공동 호스트 기능을 잘 사용하면 많은 문제를 해결할 수 있다. 예를 들어 리더가 이런저런 준비와 진행으로 화상회의 툴을 운영할 시간이 없다면 구성원 중 한 명을 공동 호스트로 지정하여 그가 화상회의 툴에서 필요한 기능을 다루게 하면 된다. 화면을 공유하거나 잡음을 없애거나 주석 사용을 허용하거나 대기실에 있는 구성원의 입장을 수락하는 등의 기능이다.

비디오 속도와 화질을 높이는 방법

화상회의의 비디오 전송 속도와 화질은 여러 요인이 복합 작용한 결과다. 리더 PC의 성능, 리더가 있는 곳의 네트워크 환경, 화상회의 서비스를 제공하는 회사의 서버와 네트워크 상황, 구성원의 네트워크와 PC 성능 등 많은 요소가 비디오 전송 속도와 화질에 영향을 준다.

예를 들어 리더 PC에 1080p의 FHD 카메라가 설치되어 있다 할지라도 CPU가 인텔 칩 기준 듀얼코어 i3 이상, GPU 메모리가 2G 이상, 네트워크 최대 대역폭이 3.0Mbps 이상이어야 FHD 화질로 비디오를 전송할 수 있다. 구성원도 이 기준 이상이어야 FHD 화질로 리더의 비디오를 수신할 수 있다.

따라서 구성원에게 FHD 비디오를 보여줘야 한다면 네트워크가 좋은 곳에서 고성능 PC를 사용해야 한다. 만약 일방향으로 진행해도 된다면 유튜브 스트리밍이나 웨비나도 좋다. 다만, 이 경우 리더의 비디오를 FHD로 전송할 수는 있으나 구성원에게는 10초 정도 지연이 발생한다.

이때 실시간 소통이 필요한 구성원은 ZOOM에 참가하게 하고, 실시간 소통이 필요 없는 구성원은 ZOOM에서 유튜브를 연결하여 스트리밍하는 것을 보게 하는 것도 방법이다.

04

리더의 화상회의 시선,
자세, 화법

구성원이 구두 보고할 때는 비디오를 웹캠 가까이에 배치

오프라인 회의에서 리더가 주로 보는 것은 발표자나 구성원, 스크린이나 인쇄물이다. 발표자가 발표를 하면 리더는 발표자를 바라보기도 하고 인쇄물을 보기도 하고 스크린을 뚫어져라 쳐다보기도 한다. 발표자는 리더의 이런 시선을 확인하면서 발표 속도를 조절하고, 다른 구성원도 리더의 눈빛이나 표정을 보며 분위기를 짐작한다.

화상회의에서는 리더가 어디를 보는지 구성원이 알기 어렵다. 리더가 카메라를 응시하는지, 화상회의에 비친 구성원의 얼굴을 보는지, 카메라 바로 밑에 있는 발표 자료를 보는지, 회의와 관계없는 PC 작업을 하는지 구성원은 구분하기 어렵다.

리더도 마찬가지이다. 구성원의 비디오를 봐도 구성원이 무엇을 하는지 알 수 없다. 실제로 어떤 구성원은 카메라를 보는 척하면서 스마트폰으로 게임을 하기도 한다.

따라서 리더는 본인의 시선과 표정을 구성원에게 정확히 보여줘야 한다. 예를 들어 한 구성원이 화면 공유 없이 구두 보고를 한다면 그의 비디오를 노트북 웹캠 가까운 곳에 위치시켜서 마치 해당 구성원을 바라보는 듯한 모습으로 만들면 된다. 이때 리더가 고개를 끄덕이는 등 적절한 몸짓을 사용하면 실재감을 높일 수 있다.

보고하는 구성원을 바라보려고 웹캠에 시선을 두는 것은 좋지 않다.
구성원의 표정도 보고 내 표정도 보여주려면 웹캠 근처로 보고자의 비디오를 옮기면 된다.

구성원이 화면 공유할 때는 자료, 발표자, 웹캠을 번갈아 보기

구성원이 자료를 공유하면서 발표할 때 리더는 자료, 발표자, 웹캠을 번갈아 보는 것이 좋다. 자료만 계속 보고 있으면 발표자가 표정이나 몸짓으로 보여주는 비언어적 표현을 놓친다. 가끔씩 카메라를 응시하면 다른 구성원으로 하여금 회의에 집중하게 만드는 효과가 있다.

리더가 회의 중에 전화를 받아야 하거나 다른 급한 PC 업무를 해야 한다면 회의를 잠시 멈추고 쉬는 시간을 갖는 것이 좋다. 구성원이 잘 안 보겠지 생각하고 비디오를 켠 채 회의와 관련 없는 행동을 하면 구성원은 어떤 상황인지 몰라서 리더의 행동을 오해한다. 심지어 리더가 회의 중에 이상한 짓을 하는 건 아닌지 의심할 수도 있다.

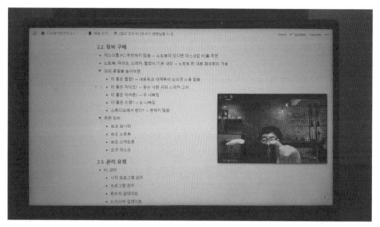

리더가 자료, 발표자 비디오, 웹캠을 계속 번갈아 봐야 구성원이 긴장한다.

구성원에게 어떤 자세가 어떤 의미를 주는지 알고 자세 취하기

오프라인 회의에서 리더는 책상 위에 팔꿈치를 대거나 손으로 턱을 괴거나 할 때도 있다. 팔짱을 낄 때도 있고 바지 주머니에 손을 넣을 때도 있다. 그러나 공식적인 회의나 상사와 하는 회의 또는 고객과 미팅할 때는 어느 정도 자세를 바로잡는다. TPO, 즉 시간Time, 장소Place, 상황

Occasion에 따라 자세를 바꾼다.

화상회의도 마찬가지이다. 상사나 고객을 화상회의에서 만나면 자세를 조금 가다듬을 필요가 있다. 그렇다고 정자세를 취할 필요까지는 없다. 이때는 가슴을 웹캠에 향하게 하고 가슴 아래가 보이지 않도록 웹캠의 위치를 조정한다.

구성원과 주간 화상회의를 한다면 자세의 변화를 주며 운영한다. 화상회의는 마우스나 키보드를 사용해야 하므로 정자세로 앉아 1시간 이상 회의를 운영하면 피로도가 높다. 이때는 편하면서 적절한 자세가 좋다.

중요한 것은 리더가 자신의 자세가 구성원에게 어떤 의미와 메시지를 주는지 알고 사용하는 것이다.

리더가 정자세를 취하면 구성원은 걱정한다

화상회의에서 정자세를 취하는 경우는 드물다. 만약 화상회의에서 리더가 정자세를 취한다면 구성원은 리더가 기분이 좋지 않거나 중대한 발표를 할 것으로 인식한다.

리더가 어깨를 살짝 비틀면 전문가처럼 보인다

리더가 한쪽 어깨를 앞으로 내밀고 얼굴은 정면을 향하면 전문가 느낌을 줄 수 있다. 실제로 화상회의 툴을 서비스하는 회사 홈페이지에서 예시로 드는 비디오에 이런 모습이 많다.

머리를 뒤로 빼면 상대를 무시하는 느낌을 준다

오프라인 회의에서 상대를 무시하려면 팔짱을 끼고 의자 등받이에 기대라는 말이 있다. 화상회의도 마찬가지여서 머리를 뒤로 빼고 턱이 화면 한가운데에 보이면 구성원의 보고나 의견이 마음에 들지 않거나 무시한다는 느낌을 준다.

머리를 앞으로 내밀면 경청하는 느낌을 준다

머리를 앞으로 내밀면 구성원 PC의 비디오에서는 리더가 모니터 화면을 쳐다보는 모습으로 비친다. 이는 리더가 발표자와 공유 자료에 집중하며 경청하고 있다는 느낌을 구성원에게 준다. 다만, 머리를 웹캠에 너무 가까이 대서 정수리까지 보이게 하는 것은 좋지 않다.

옆 모습을 보여주는 것도 나쁘지 않다

리더가 노트북에 보조 모니터를 연결하여 사용하면 자연스럽게 구성원에게 옆 모습을 보여준다. 화상회의를 하면 당연히 얼굴을 정면으로 보여줘야 한다는 편견이 있다. 하지만 리더가 너무 오래 정면만을 응시하면 구성원은 자기를 째려본다는 느낌을 받아 부담스러울 수 있다. 따라서 구성원에게 편안함과 긴장감을 동시에 줘야 할 때는 옆 모습과 앞 모습을 번갈아 보여주는 것도 좋은 방법이다.

손 동작과 움직임을 보여주려면 스마트폰 카메라를 사용하기

화상회의 툴 대부분은 비디오를 가로가 긴 16:9 비율로 보여준다. 웹캠이나 모니터도 요즘은 16:9 비율로 만들어진다. 이 때문에 리더가 화상회의에서 손동작이나 몸짓을 보여주려면 웹캠에서 충분히 멀리 떨어져야 하는데, 이렇게 하면 마우스를 잡거나 키보드를 두드리기 불편하다.

리더가 손동작이나 몸짓을 꼭 보여줘야 한다면 스마트폰 카메라를 사용하면 된다. 스마트폰을 PC와 연결한 뒤 화상회의 툴에서 비디오로 스마트폰 카메라를 선택하면 세로로 긴 9:16 비율로 자신의 모습을 보여줄 수 있다. 이 비율에서는 상반신을 충분히 보여줄 수 있어서 상대에게 손동작과 몸짓을 잘 보여준다.

스마트폰 카메라를 사용하면 손동작과 몸짓을 보여주기 좋다.

좋은 목소리보다 좋은 진행을

화상회의를 잘 이끄는 리더에게는 ABC가 있다. 화상회의를 주재하는 리더는 활력이 넘치고Active, 여러 상황을 두루 다루어야 하며Broad, 수다스러워야 한다Chatty. ABC의 마지막 C, Chatty가 언뜻 이해가 가지 않을 수 있다. 리더가 수다를 떨다니?

예를 들어 리더가 화상회의를 주재하는데 갑자기 화면 공유가 안 된다고 하자. 이때 리더가 이것저것 눌러보면서 화면 공유를 시도하는 동안 말없이 10초가 지났다면 구성원은 몇 초가 지난 것처럼 느껴질까?

실제로 체험해보면 리더는 5초 정도 지났다고 느끼는 반면 구성원은 20초 넘게 지났다고 대답한다. 그 이유는 간단한다. 리더는 화면을 공유하면서 급한 마음이 들어 이것저것 누르고 옮기고 하니 시간이 빨리 지나간다. 하지만 구성원은 리더의 상황을 전혀 파악할 수 없으니 답답하고 지루하고 시간이 더디 지나간다. 심지어 어떤 구성원은 자기만 오디오가 안 들리나 싶어 스피커를 껐다 켜기도 한다.

화상회의는 라디오 방송과 같다. 10초 정적이 흐르면 방송사고다. 마찬가지로 리더가 화상회의를 하면서 의도치 않게 5초라도 침묵하면 구성원은 뭐가 잘못되었다 여긴다. 그래서 리더는 수다를 좀 떨어야 한다. 예를 들어 화면 공유가 안 될 때는 다음과 같이 수다를 떨어야 한다.

"네, 지금 화면 공유를 하려는데 잘 안 되네요. 잠시만 기다리면 화면이 공유될 것 같아요. 지금 파워포인트 문서를 열었고요. 지금 열리고 있는 중입니다. 열리면 바로 화면 공유를 시작하겠습니다. 지금 거의 다 열

렸네요. 이제 화면 공유 버튼을 찾는 중인데요. 조금만 기다려 주세요. 아, 이제 찾았네요. 이제 화면 공유 버튼을 눌렀습니다. 화면을 공유하려고 하네요. 이제 공유되었네요."

긴 글을 읽어야 한다면 AI의 도움을 받기

리더가 긴 글을 읽거나 대독해야 할 때가 있다. 이때는 직접 읽기 보다는 인공지능이 대신 읽게 하는 방법이 있다. 글을 음성으로 바꿔주는 것을 TTSText To Speech라고 하는데, TTS를 무료로 제공하는 서비스가 여럿 있다. 그 중에서 마이크로소프트가 Azure 서비스에서 제공하는 TTS 데모를 이용하면 좋다. 주소는 다음과 같고 구글에서 MS AZURE TTS로 검색해도 된다.

AZURE TTS는 웹사이트에서 바로 TTS를 제공하므로 따로 프로그램

MS의 AZURE TTS 데모를 사용하면 긴 글을 인공지능이 대신 읽게 할 수 있다.
https://azure.microsoft.com/ko-kr/services/cognitive-services/text-to-speech/

을 설치할 필요가 없다. 화면 중간에 아래 그림과 같이 데모를 할 수 있게 되어 있어서, 텍스트 입력 칸에 원하는 텍스트를 입력하고 오른쪽 아래 재생 버튼을 클릭하면 텍스트를 음성으로 읽어준다.

네이버가 만든 웹 브라우저, 웨일Whale을 사용하면 더 쉽게 TTS를 무료로 이용할 수 있다. 웹페이지에 있는 텍스트를 마우스로 선택한 뒤 마우스 오른쪽 버튼을 눌러 '음성으로 듣기'를 선택하면 인공지능이 바로 읽어 준다. 인공지능 화자를 다른 사람으로 바꾸거나 읽는 속도를 조절하려면 브라우저 설정에서 '음성'을 찾으면 된다.

네이버가 만든 웹 브라우저 웨일을 사용하면 무료로 쉽게 TTS를 구현할 수 있다.

이때 주의할 것이 있다. 리더의 컴퓨터에서 나는 소리를 구성원에게 들려주려면 화상회의 툴에서 소리를 반드시 공유해야 한다. 예를 들어 ZOOM을 사용해서 화면을 공유하고 있다면 화면 공유 창 왼쪽 아래에 있는 컴퓨터 소리 공유를 체크한다.

인공지능이 글을 읽는 소리를 구성원에게 들려주려면 화상회의 툴에서 컴퓨터 소리를 공유해야 한다.

화면 공유를 안 하고 있다면 화면 공유 고급 탭에 있는 '컴퓨터 소리만'을 선택해야
인공지능이 글을 읽는 소리를 구성원에게 들려줄 수 있다.

화상회의를 녹화해서 본인 모습 확인하기

화상회의 툴에는 녹화 기능이 있어서 클릭 한 번으로 회의 내용 전체를 녹화할 수 있다. 회의를 녹화해서 자신의 시선이나 자세, 화법을 확인해 보는 것도 좋다. 나아가 구성원이 어떤 식으로 화상회의에 참여하는지 분석하는 것도 의미가 있다.

리더가 회의 전에 녹화를 하겠다고 구성원에게 공지하는 것도 좋다.

리더가 회의를 녹화한다고 하면 구성원도 조금은 긴장할 수밖에 없다.
스스로 자세도 바로잡을 것이고 회의에 집중하는 모습을 보여주려고 애
쓸 것이다.

05

분위기를 돋우는 아이스 브레이크와 랜선 게임

구성원을 더 잘 알 수 있는 게임 "이 사람은 누구?"

화상회의 툴에는 비공개 채팅 기능이 있다. 이 기능을 이용하면 "이 사람은 누구" 게임을 할 수 있다. 우선 구성원으로 하여금 자기를 소개하는 세 문장을 쓰게 한 다음 리더에게 비공개 채팅으로 알려 달라고 한다. 그러면 다른 구성원은 누가 뭘 썼는지 모르지만 리더는 알 수 있다. 이것을 토대로 구성원 전원에게 퀴즈를 낸다. 즉 어떤 구성원의 소개 문장을 읽어준 뒤 그가 누구인지 맞히게 하는 것이다.

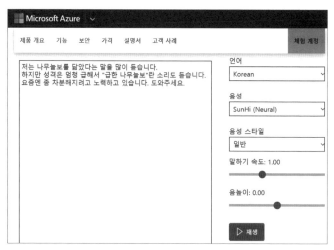

"이 사람은 누구" 게임에 TTS 서비스를 활용하면 좋다.
구성원이 채팅창에 비밀로 올린 내용을 인공지능이 읽게 하면 색다른 재미가 있다.

이 게임은 구성원이 서로를 얼마나 잘 아는지, 구성원 각자의 관심사가 무엇인지 알아내기도 좋다. 자기 소개 대신 다음과 같은 내용으로 바꿔도 좋다.

- 최근에 가진 취미와 간단한 에피소드

- 지난 주말에 한 일

- 이번 여름에 가고 싶은 여행지와 가고 싶은 이유

- 좋아하는 연예인과 좋아하는 이유

- 살면서 재미있었던 일

- 미래의 내 모습

- 내가 아는 가장 웃긴 이야기

107

구성원의 협업과 배려심을 높이는 게임 "같이 그림 그리기"

리더라면 누구나 구성원이 서로 협업하고 배려하기를 원한다. 이 때문에 오프라인에서 회식도 하고 게임도 하고 조직 활성화 프로그램도 진행한다. 화상회의로도 이런 식의 협업과 배려 게임을 할 수 있다.

이 게임은 화상회의 툴에 있는 주석을 사용해서 같이 그림을 그리는 것인데, 두 팀이나 네 팀으로 나눠서 하는 것이 좋다. 다른 팀은 어떻게 그리는지 구경도 하고 잘 그리기 위해 서로 경쟁하다 보면 자연스럽게 구성원과 협업하고 배려하는 모습을 보인다.

우선 모든 구성원이 주석을 사용할 수 있도록 허용한다. 배경은 파워포인트 빈 화면을 사용해도 되고, 화상회의 툴이 제공하는 화이트보드를 써도 된다. 일단 하얀 색 배경 화면이 만들어지면 리더가 가운데에 선을 긋고 임의로, 또는 기존 부서 구분을 이용해서 팀을 나눈다. 사람 수에 따라 1~2분 시간을 정한 뒤 각 팀이 해당 영역에서 고양이 같은 동물 한 마리를 힘을 합쳐 그리게 한다.

화상회의 툴의 주석 기능을 사용하면 간단한 팀 빌딩 게임을 할 수 있다.

여러 사람이 그림을 동시에 그리다 보면 다른 사람의 그림에 맞추기도 해야 하고, 본인이 잘못 그렸다면 지우기도 해야 한다. 이런 과정에서 협업과 배려가 자연스럽게 행동으로 나타나지만, 팀원들과 보조를 맞추지 않는다면 그림이 엉망이 된다. 여기서 중요한 것은 포기하지 않고 게임을 반복해서 시도하는 것이다. 매주 주간회의 때 회의 시작 전에 한 번씩 이 게임을 해서 그림을 저장하여 구성원과 공유하는 것을 추천한다. 그림이 점점 좋아지는 것을 보며 모두가 성취감을 느끼기도 한다.

그림을 동시에 그리지 않고 순서대로 한 획만 그리게 할 수도 있다. 고양이 대신 다른 동물을 그리거나 고객 이미지나 우리 부서의 미래 모습을 그리는 것도 좋다. 리더의 머릿속을 그려 달라고 해도 좋다. 다양하게 응용할 수 있는 게임이다.

연말 장기자랑을 온라인으로 하는 3D 아바타 가왕 대회

코로나19로 노래방 회식이 어려워진 요즘에 화상회의로 노래 대결을 하는 것도 좋다. 그런데 맨 정신으로 맨 얼굴로 노래 부르는 게 쉽지 않다. 이때 사용하기 좋은 것이 3D 아바타다.

3D 아바타는 이미 스마트폰에서 스노우 등 다양한 앱으로 많이 접할 수 있어서 젊은 구성원은 한 번은 다 사용해 보았다. 같은 방식으로 PC에서 3D 아바타 애플리케이션을 설치하여 화상회의에서 자기 얼굴을 3D 아바타로 구현할 수 있다. 무료로 쓸 수 있는 툴로는 Hyprmeet를 추천한다. Hyprmeet는 다양한 얼굴 표정을 아주 미세하게 잘 표현한다.

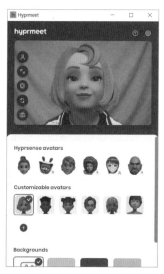

Hyprmeet는 무료로 3D 아바타를 만들고 가상 카메라로 사용할 수 있다.

3D 아바타를 사용하려면 화상회의 툴을 실행하기 전에 먼저 3D 프로그램을 설치하고 실행해야 한다. Hyprmeet 홈페이지https://hyprmeet.com/에서 프로그램을 내려 받아 설치한 뒤 실행하면 다음과 같은 화면이 나타난다. 아바타 화면이 보이지 않으면 카메라 아이콘을 눌러 실제 웹캠을 선택한다. 화면 중간에 있는 + 버튼을 누르면 나만의 아바타를 만들 수 있다.

Hyprmeet를 화상회의 비디오에 연결하려면 화상회의 툴에서 비디오로 Hyprmeet Cam을 선택하면 된다. Hyprmeet를 먼저 실행한 뒤 화상회의 툴을 실행해야 비디오를 설정할 수 있다는 것을 잊지 말자.

Hyprmeet는 가상 카메라를 제공하므로 화상회의 툴 카메라 선택에 Hyprmeet Cam이 나타난다.

구성원이 3D 아바타를 사용하면 복면가왕처럼 얼굴을 가리므로 더 적극적으로 노래를 부르며 참여할 수 있다. 여기에 화상회의 툴의 가상 배경을 사용하면 마치 무대에서 선 느낌으로 노래를 부를 수 있다.

맨 목소리로 노래 부르기가 부끄러운 구성원에겐 Voicemod^https://www. voicemod.net/를 추천해도 좋다. Voicemod는 음성을 실시간으로 변조하는 프로그램이다. Voicemod를 먼저 실행한 뒤 화상회의 툴에서 마이크를 Voicemod로 선택하면 음성을 실시간으로 노래방, 동굴, 아기 소리 등으로 변조할 수 있다. 더 다양한 음성 변조는 유료이므로 리더가 결재하여 구성원이 무료로 사용할 수 있게 하는 것도 좋다. 월 사용료가 몇 만 원이므로 오프라인에서 노래방 한 번 가는 비용보다 싸다.

Voicemod는 실시간으로 음성을 변조하는 프로그램이다.
유료 버전을 사용하면 완전히 색다른 느낌으로 구성원과 즐길 수 있다.

집들이 대신 방구석 랜선 아바타 투어

오프라인에서 리더는 구성원을 집에 초대하거나 구성원이 집에서 여는 집들이에 참여하기도 한다. 오프라인에서 하는 이런 소소한 모임을 온라인에서도 할 수 있다. 그런데 그냥 화상회의에서 집을 소개하기만 하면 재미가 없다. 그래서 아바타 투어를 소개한다. 먼저 사례를 하나 보자.

북유럽의 섬나라 패로 아일랜드는 코로나19로 관광객이 사라지자 리모트 투어리즘이란 홈페이지를 열었다. 이 홈페이지에 접속한 사람이 상하좌우 버튼을 누르면 실제 관광청 직원이 그 방향으로 걷는다. 관광청 직원의 머리에는 카메라가 달려 있어서 실제로 경치를 원격에서 볼 수 있다. 달리기나 점프 버튼을 누르면 관광청 직원이 실제로 달리거나 점프도 한다.

리모트 투어리즘 홈페이지에서는 수천 킬로미터 떨어진 곳에서 내 아바타가
내가 원하는 대로 움직이며 경치를 보여준다.

리더도 구성원과 함께 이와 같은 식으로 랜선 아바타 투어를 할 수 있다. 리더가 스마트폰으로 화상회의에 접속해서 집안 곳곳을 돌아다니며 보여준다. 구성원이 말이나 채팅으로 "오른쪽 책장을 열어주세요." "주방으로 가서 냉장고를 열어서 보여주세요."라고 하면 리더가 그대로 따르는 것이다. 리더가 먼저 한 다음 구성원 중에서 희망하는 사람이 다음 차례로 하게 한다.

이런 랜선 아바타 투어는 재미도 있지만 리더에게 많은 것을 알려준다. 평소 구성원이 어떻게 사는지, 어떤 것에 취미가 있는지, 무엇을 좋아하는지 개인적인 정보를 얻을 수 있다. 평소 말이 없는 구성원이라 해도 서로 어떻게 사는지 어떤 관심사가 있는지 알면 왠지 모르게 가까워진 느낌이 든다.

랜선 아바타 투어는 한 번에 다 하는 것보다는 매월 랜선 회식 때 희망하는 사람에 한 해 한두 명 선정해서 하는 것이 좋으며, 억지로 선정하는 것은 좋지 않는다. 랜선 아바타 투어를 하면서 퀴즈를 내거나 미션을 수행하게 하거나 조그만 선물을 주는 것도 좋다. 예를 들어 어떤 구성원의 집을 보다가 와인 냉장고가 있다면 구성원에게 좋은 와인 한 병을 선물해준다. 물론 사생활 노출을 싫어하는 구성원이 있다면 랜선 투어를 추천하지 않는다.

구성원의 가족과 함께 하는 랜선 가족 회식

저녁 회식을 랜선으로 하는 방법은 아주 쉽다. 구성원은 모두 지정한 시간까지 각자 원하는 음식을 배달 주문한다. 비용은 물론 부서 경비를 사용하여 영수증 처리해야 한다. 이때 구성원의 가족이 원하는 음식도 같이 배달하게 해야 한다. 즉, 구성원만의 회식이 아니라 온 가족 회식처럼 만들어서 구성원이 가족에게 한 턱 쏘는 기회를 주어야 한다. 어린 자녀가 있는 구성원이라면 자연스럽게 자녀와 같이 하는 것도 좋다.

구성원의 가족을 위해 다양한 이벤트를 준비하는 것도 좋다. 모든 구성원의 가족에게 조그만 선물을 줄 수 있도록 퀴즈 대항전 같은 것을 하면 구성원의 자녀가 쉽고 재밌게 참여할 수 있다. 앞에서 설명한 3D 아바타를 사용하면 자녀가 더 흥겹고 활기차게 참여한다.

리더가 구성원에게 택배로 회식 음식을 보내주는 것도 좋다.

우연한 만남을 아이디어로 랜덤 소회의실 소통

랜덤 소회의실은 화상회의 툴의 소회의실 기능을 사용해서 구성원을 임의로 나눠 소회의실로 보내서 대화하게 하는 아이스 브레이크다. 평소 얼굴 보기 어려운 동료와 만나는 계기도 되고, 서로 어떤 업무를 하는지, 취미가 무엇인지 다양하게 얘기할 기회도 된다.

리더도 임의의 소회의실에 들어갈 수 있다. 이때 특정 목적을 가지는 것보다는 가볍게 인사하고 관심사를 나누는 것이 좋다. 팀 빌딩을 한다면 랜덤 소회의실을 사용하여 팀을 만드는 것을 추천한다.

오프라인에서는 쉬는 시간에 친한 사람과 담소를 나누거나, 흡연자끼리 담배를 피러가는 경우가 많다. 온라인에서는 쉬는 시간에 화면에 모든 사람의 얼굴이 보이기 때문에 담소 나누기가 어렵다. 회의하다 쉬는 시간에 구성원을 랜덤하게 소회의실에 보내서 담소를 나누게 하는 것도 좋다.

랜덤 소회의실을 활용하면 구성원의 소통을 증진할 수 있다.

다 같이 동네를 산책하는 랜선 산책

구성원이 각자 자기 동네를 산책하는 것도 좋다. 스마트폰으로 화상회의에 접속해서 경치를 보여주거나 사진을 찍어 카카오톡 단톡방 등에 공유하면 색다른 재미가 있다.

　회사에 출근한 구성원이 있다면 회사 안팎을 한바퀴 돌면서 바뀐 것이 있는지, 새로운 맛집이 들어섰는지 알려주는 것도 좋다.

리더가 알아야 할
디지털 문제해결법, 트러블슈팅

트러블슈팅이란

트러블슈팅Troubleshooting은 문제해결의 한 방법이다. 기계나 시스템의 오류나 성능 저하 문제 등을 빠르게 해결하는 것을 뜻한다. 주로 컴퓨터나 프로그래밍에서 사용되므로 프로그래머나 엔지니어에게는 익숙한 문제해결 방법이다.

트러블슈팅은 우리가 익히 배운 맥킨지 식 문제해결과는 다르다. 맥킨지 식 문제해결은 문제를 일으키는 핵심 원인을 찾아 최선의 안을 선정하고 실행하여 문제를 해결하고 그 영향이나 효과를 측정하는 것이다. 하지만 트러블슈팅은 핵심 원인을 찾는 것이 아니라 당장 시도할 수 있는 것부터 빠르게 시도하면서 오류나 증상을 바로바로 없애는 것이다.

트러블슈팅이 리더에게 다소 낯선 방법 같지만 이미 화상회의에서 우리는 트러블슈팅을 자주 하고 있다. 리더나 구성원의 PC와 빔 연결이 잘 안 되거나 스피커에서 소리가 나오지 않는 등의 문제를 해결할 때 우리는 자기도 모르게 트러블슈팅 방법을 사용한다.

예를 들어 화상회의를 하는데 소리가 나지 않으면 우리는 우선 스피커를 켰는지 확인하고, 스피커가 켜져 있다면 볼륨을 높이고, PC에 오디오 선을 다시 연결하고, 음악을 틀고, PC의 오디오 볼륨을 높이고, 오디오 출력을 다시 선택한다. 이것이 트러블슈팅이다.

트러블슈팅에는 여러 방법론이 있다. 그 중에 Microsoft 사가 사용한 것으로 알려진 DETECT 방법론을 보자. 이 방법론은 Discover the problem, Explore the conditions, Track down possible approaches, Execute the most likely approach, Check for success, Tie up loose ends 등 총 6단계로 구성되어 있다.

1. Discover the problem: 문제를 적극적으로 찾아 인식한다

첫 번째 단계는 비정상적인 작동이나 증상을 지각하여 문제로 인식하는 단계다. 우리는 비정상적인 작동이나 증상이 있어도 지각하지 못하거나 문제로 인식하지 못하는 경우가 꽤 많다. 예를 들어 오프라인 회의실에서 빔의 밝기가 다소 낮더라도 문제로 인식하지 않고 그냥 회의를 진행하곤 한다. 하지만 이런 증상을 지각하여 문제로 인식한다면 빔의 밝기를 조절할 것이다.

화상회의에서도 마찬가지이다. 리더의 PC에서는 비디오가 잘 보이고 오디오도 잘 들리고 동영상도 끊김없이 잘 재생이 되지만, 구성원의 PC에서는 비디오가 멈춰 있고 오디오는 하울링이 생기고 동영상은 끊겨 보일 수 있다. 이때 리더가 구성원 PC에서 일어나는 비정상적인 작동이나 증상을 지각하지 못하면 문제로 인식할 수 없어서 해결하지 못한다.

따라서 화상회의에서 리더는 구성원 입장에서 비정상적인 작동이나 증상이 나타나는지 적극 찾고 확인해야 한다. 웹사이트 사용자가 아이디나 비밀번호를 잊을 것을 대비하여 프로그래머가 미리 '아이디 찾기'나 '비밀번호 찾기' 기능을 만들어 제공하는 것처럼, 리더는 미리 문제를 드러내는 노력을 해야 한다. 다음은 문제를 드러내는 몇 가지 방법이다.

- **구성원으로 접속해서 관찰하기** 리더는 화상회의 시작 전에 별도 PC에서 가상의 구성원으로 접속하여 구성원 화면에서는 어떻게 보이는지 확인하면서 회의를 진행해야 한다. 별도 PC가 없다면 스마트폰이나 태블릿에서 접속해 보는 것도 한 방법이다.
- **구성원에게 질문하기** 리더는 화상회의 툴에 접속한 구성원의 PC나 네트워크 상황을 수시로 확인해야 한다. 예를 들어 리더의 비디오가 제대로 보이는지, 오디오가 제대로 들리는지를 질문하고 구성원이 채팅창에 10점 척도로 올리게 한다. 회의를 시작하기 직전, 쉬는 시간이 끝나고 회의를 재개할 때 확인하면 좋다.
- **PC와 네트워크 성능 관찰하기** 리더는 본인 PC와 네트워크 성능을 수시로 확인하여 문제의 발생을 예상해야 한다. PC의 CPU나 메모리 사용량은 화상회의 툴에서 확인할 수 있다.

2. Explore the conditions: 환경 설정과 정황을 파악한다

두 번째 단계는 문제 발생에 영향을 주는 환경과 정황을 파악하는 단계이다. 여기서는 환경이 무엇이고 정황이 무엇인지 명확하게 이해하는 것이 중요한다.

환경은 PC나 네트워크의 환경 설정을 말한다. 예를 들어 화상회의 툴에 접속했는데 비디오를 켤 수 없다고 했을 때, 환경 설정에서 구성원의 비디오를 켜지 못하게 설정했을 수 있다. 리더가 구성원의 마이크를 켜지 못하게 설정했다면 구성원은 마이크를 켤 수 없다. 따라서 애초 환경 설정을 어떻게 했는지 정확히 파악하여, 환경 설정을 바꾸기만 하면 문제를 해결할 수 있을 때는 바로 환경 설정을 변경한다. 리더가 파악해야 할 환경 설정에는 다음과 같은 것들이 있다.

- **웹캠** 웹캠의 해상도 설정을 확인해야 한다. 만약 웹캠의 해상도를 너무 낮게, 또는 비율을 잘못 설정했다면 문제가 발생할 수 있다.
- **마이크** 화상회의 툴에서 마이크에 접근하려면 마이크 설정에서 '앱에서 마이크에 액세스하도록 허용' 설정을 해야 한다. 마이크 액세스를 허용을 하지 않으면 화상회의 툴에서 마이크를 인식하지 못한다.
- **화상회의 툴** 화상회의 툴 자체에서 참가자 권한 등을 설정했다면 이 권한에 따라 참가자의 행동에 제약이 생긴다. 예를 들어 참가자가 스스로 음 소거를 해제하거나 주석을 사용하거나 화면을 공유하는 기능을 리더가 허용했는지 안 했는지 정확히 파악하고 있어야 한다.

- **네트워크** 와이파이 공유기에 QoS 설정이란 것이 있다. 이 설정은 공유기를 사용하는 디바이스의 네트워크 대역폭을 제한할 수 있다. 만약 네트워크 관리자가 이 설정을 했다면 해당 디바이스의 대역폭이 제한될 것이다. 예를 들어 어떤 디바이스의 최대 전송 속도를 1Mbps 이하로 설정했다면 비디오를 FHD로 송출할 수 없다.

정황은 PC나 네트워크 사용 상황을 말한다. 예를 들어 화상회의를 하면서 여러 가지 애플리케이션을 계속 실행하고 종료하지 않는다면 화상회의 툴이 멈추거나 강제 종료되는 일이 발생한다. 심하면 PC가 멈추거나 블루스크린이 뜨기도 한다. 따라서 비정상적인 작동이나 증상을 인지했다면 지금까지 PC나 네트워크를 사용한 정황을 빨리 파악해야 한다. 예를 들면 다음과 같은 것들이 있다.

- **PC 리소스 사용** 복잡하고 무거운 프로그램을 실행하면 PC의 CPU를 과다하게 사용하고, 여러 프로그램을 동시에 실행하면 메모리를 많이 쓴다. 이때는 불필요한 프로그램을 모두 닫고 완전히 종료하거나, 쉬는 시간에 PC를 완전히 껐다 다시 켜야 한다. 만약 시작 프로그램이 많다면 시작 프로그램의 사용을 최소화해야 한다.
- **동시에 여러 PC 사용** 집에서 여러 디바이스가 네트워크에 접속해서 고용량의 데이터를 전송하고 수신하면 화상회의를 할 때 비디오가 끊기는 문제가 생길 수밖에 없다. 만약 네트워크 한계를 넘는 트래픽이 발생한다면 당장 불필요한 디바이스를 정리해야 한다.
- **PC 과열** 더운 날씨에 노트북을 오래 사용하면 배터리나 CPU가 과열되면서 성능이

저하되거나 오류가 생길 수 있다. 이때는 노트북의 온도를 낮추기 위해 쉬는 시간에 잠시 끄거나 방열이 잘 되도록 노트북의 위치를 바꿔야 한다.

- **웹 애플리케이션 초과 사용** Padlet 같은 툴은 무료 버전에서 보드를 3개까지만 만들 수 있다. 그런데 리더가 회의를 하다 Padlet 보드를 3개 초과하여 만들려고 하면 당연히 거부될 것이다. 온라인 툴을 사용할 때는 제한 사항을 미리 숙지하거나 구성원에게 알려주어야 한다.

- **구성원 공간** 오프라인 회의실에서는 구성원의 동선을 쉽게 파악할 수 있지만 화상회의에서는 구성원이 비디오 화면을 벗어나면 어디에서 무엇을 하는지 알 수 없다. 리더는 구성원이 어떤 공간에서 어떤 상황에서 접속하는지 미리 파악하면 문제가 발생했을 때 빠르게 대처할 수 있다. 구성원의 접속 장소가 사무실인지, 집인지, 차 안인지, 카페인지, 혼자 접속한 것인지, 주변에 동료가 있는지, 집에 아이와 있는지 미리 확인하자. 특히 최근에는 운전하면서 화상회의에 참여하는 사람이 늘고 있다. 교통사고 위험이 있으므로 운전 중 화상회의 참여를 금지하자.

3. Track down possible approaches:
경험과 체크리스트로 해결 방법을 도출한다

세 번째 단계는 당장 실행 가능한 문제해결 방법을 도출하는 단계다. 이때는 경험과 체크리스트를 사용한다. 경험을 사용한다는 것은 현재 문제와 유사한 문제를 겪었을 때 어떻게 해결했는지 떠올리는 작업이다. 화상회의가 생소하다 할지라도 이미 우리는 PC의 오류를 수없이 해결했고, 네트워크 문제도 여러 번 겪었다. 이런 경험을 잘 떠올리면 유사한 문제를 해결하는 당장의 방법을 찾아낼 수 있다.

경험과 함께 사용할 수 있는 것이 체크리스트이다. 체크리스트는 직접 만들기가 어렵기 때문에 애플리케이션 서비스 기업이 제공하는 체크리스트를 활용하면 된다. 예를 들어 ZOOM은 비디오가 보이지 않으면 다음 사항을 확인하도록 체크리스트를 제공한다.

- 귀하의 웹캠이 연결되어 있으며 켜져 있는지 확인하십시오.

- 위에서 비디오 선택을 확인하여 올바른 웹캠을 사용하십시오.

- 다른 애플리케이션에서 웹캠을 사용하지 않는지 확인하십시오.

- 웹캠을 다른 USB 포트에 연결하십시오.

- 컴퓨터를 다시 시작하십시오.

- 문제가 지속되면 지원 센터를 방문해 주시기 바랍니다.

4. Execute the most likely approach:
가장 확률이 높은 방법을 바로 시도한다.

네 번째 단계는 문제 해결 확률이 가장 높다고 생각하는 방법부터 바로 시도하는 단계이다. 트러블슈팅은 문제를 해결하기 위해 어떤 것을 순서대로 하는 것이 아니라 문제를 가장 잘 해결할 것으로 보이는 방법을 먼저 시도하는 것이다.

예를 들어 비디오가 보이지 않으면 웹캠 연결을 확인할 수도 있고, 올바른 웹캠을 선택할 수도 있다. 또는 다른 애플리케이션에서 웹캠을 사용하는지 확인하거나, 다른 USB 포트에 연결할 수도 있다. 하지만 이중에서 어떤 것이 문제를 가장 많이 일으켰는지 이미 알고 있다면 당장 그것부터 시도해야 한다. 다음과 같은 경우에 어떤 방법을 먼저 시도하는 것이 좋을지 알아보자.

- **평소에 노트북 웹캠만 사용했다면**

  ⇨ 다른 어플리케이션에서 웹캠을 사용하는지부터 확인한다.

- **외부 웹캠을 USB로 처음 연결했다면**

  ⇨ 전원을 제공하는 USB 포트에 다시 연결한다.

- **이전에 외부 웹캠과 노트북 웹캡을 번갈아 사용했다면**

  ⇨ 비디오 선택을 확인하여 올바른 웹캠을 선택한다.

5. Check for success: 정상 작동이 되는지 확인한다.

다섯 번째 단계는 문제를 해결했는지 확인하는 단계다. 이때 문제 해결 수준은 근본 원인을 제거하는 것이 아니다. 예를 들어 PC의 CPU나 메모리가 부족할 경우 맥킨지 식 문제해결에서는 PC를 최신 사양으로 교체하는 것이 문제를 근본적으로 해결하는 것이다. 하지만 트러블슈팅은 현재 PC 사양 안에서 발생 가능한 비정상적인 작동이나 증상을 빠르게 없애는 것이다. 따라서 정상 작동을 하거나, 증상이 사라지면 문제해결에 성공한 것이다.

하지만 같은 증상이 10분 후, 다음 날, 다음 달에 또 나타날 수 있다. 따라서 트러블슈팅에서 성공의 기준은 현재 업무에 지장을 최소화하는 것이지 근본 문제를 해결하는 것이 아니다. 게다가 근본 문제를 해결한다고 해서 같은 문제가 또 생기지 말라는 법은 없다. 예를 들어 PC를 최신 사양을 바꾸었다 할지라도 그 이상의 사양을 요구하는 프로그램이나 여러 프로그램을 중복 실행할 때는 역시 같은 문제가 나타날 수 있다.

6. Tie up loose ends: 전 과정을 문서화하고 전파한다.

마지막 여섯 번째 단계는 문제 발생과 해결 성공까지 전 과정에서 얻은 지식과 경험을 문서화하고 전파하는 단계다. 문서화는 FAQ 게시판에 내용을 등록하거나, 체크리스트에 추가하거나, 가이드북이나 매뉴얼 문서를 업데이트하는 것이다. 전파는 서비스 담당자에게 내용을 전달하거나 관련자에게 문서를 공유하는 등의 일이다.

　맥킨지 식 문제해결과 다른 것 중 하나가 바로 이 단계다. 맥킨지 식 문제해결은 대부분 큰 문제 하나를 다루지만, 트러블슈팅은 작고 수없이 많은 문제를 다룬다. 따라서 이미 누군가가 문제를 해결했거나 해결한 방법을 공개했을 가능성이 높다. 그래서 프로그래머도 프로그램 개발이나 사용에 문제가 있으면 구글 검색엔진에서 검색한다. 그러면 어지간한 해결 방법은 다 찾을 수 있다.

　하지만 조직 내부에서만 사용하는 애플리케이션의 트러블슈팅은 외부에서 찾기 어렵다. 따라서 내부에서만 사용하는 애플리케이션의 트러블슈팅은 사용자 모두가 협력하여 문서화하고 서로에게 전파되도록 해야 한다. 특히 리더는 트러블슈팅 내용을 모아서 구성원에게 제공할 필요가 있다.

자주 나타나는 트러블과 트러블슈팅 방법

· 집에서 인터넷 속도가 느릴 때

⇨ 노트북에 랜 선을 연결하여 유선 네트워크를 사용한다.

⇨ PC의 시작 프로그램에서 불필요한 프로그램은 '사용 안 함'으로 설정한 뒤 PC를 껐다 켠다.

⇨ 실행 중인 애플리케이션이 있다면 실행을 종료한다. 이때 프로그램이 완전히 종료되지 않는 때도 있으므로 '작업 관리자'에서 프로세스를 찾아 완전히 종료한다.

⇨ 프로그램의 버전이 낮은 경우 최신 버전으로 업데이트를 하고 실행한다.

⇨ 비디오와 오디오를 네트워크 상황에 맞게 적절히 조절한다. 예를 들어 FHD 비디오나 서라운드 오디오 기능 등은 PC 성능을 낮추거나 인터넷 속도를 느리게 할 수 있으니 화상회의 툴의 권장 설정을 따른다.

⇨ 화상회의 툴이 고성능의 CPU나 메모리를 요구하므로 그에 맞춰 사양을 높인다.

· 컴퓨터 속도가 점점 느려지거나 화상회의 툴이 경고를 보낼 때

⇨ 경고의 내용대로 불필요한 프로그램을 종료하거나 PC를 다시 부팅한다.

⇨ 본인 비디오를 끄거나 비디오 해상도를 낮춘다.

⇨ 파워포인트를 공유하고 있다면 파워포인트 파일의 내용을 분할해서 저장한 뒤 해당 시간에 필요한 저용량 파일만 사용한다.

⇨ 웹 브라우저를 공유하고 있다면 불필요한 탭은 닫는다.

- **비디오가 갑자기 안 나오거나 화질이 떨어질 때**

⇨ 비디오가 갑자기 안 나오면 웹캠이 꺼졌거나 웹캠 연결 잭이 빠졌는지 확인한다.

⇨ 다른 애플리케이션에서 비디오를 사용하고 있는지 확인한다.

⇨ 비디오가 뿌옇게 나오면 인터넷 문제이니 와이파이 등 네트워크를 확인한다.

- **소리가 울리거나 겹치거나 반복할 때**

⇨ PC와 스마트폰으로 같은 화상회의에 접속했을 때 오디오를 둘 다 연결하지 않도록
   한다.

⇨ 헤드셋을 사용하거나, 이어폰과 핀마이크 조합을 사용한다.

⇨ 마이크와 스피커 볼륨을 낮춘다.

- **리더의 비디오와 오디오가 구성원에게 잘 전달되는지 모를 때**

⇨ 리더의 비디오가 제대로 보이는지, 리더의 목소리가 제대로 들리는지를 구성원에게
   질문하고 구성원이 채팅창에 10점 척도로 올리게 한다. 매시간 회의를 시작할 때 확
   인한다.

- **갑자기 컴퓨터가 멈추거나 작동을 하지 않을 때**

⇨ Ctrl - Alt - Delete를 눌러 작업관리자의 프로세스를 확인한다. 회의와 관계없는 프로
   세스가 50% 이상 비중을 차지하고 있다면 해당 프로세스를 중지한다.

⇨ 비상연락망을 통해 구성원에게 쉬는 시간을 가진다고 말하고 컴퓨터를 껐다 켠다.

- **파워포인트 파일을 공유할 때 구성원 화면에서 검은 색으로 보일 때**

⇨ 해당 파워포인트에 DRM이 적용되어 있는 경우다. DRM을 해제한 뒤에 다시 공유하
   면 정상적으로 보인다.

- **웹사이트에는 접속할 수 있으나 특정 영역의 이미지가 깨져 보일 때**

⇨ 이미지가 웹사이트 도메인과 다른 도메인에 등록되는 경우다. 이미지가 등록된 도메인 주소의 접속을 허용해달라고 보안팀에 요청한다.

- **Zoomit, OBS 등의 소프트웨어가 실행되지 않을 때**

⇨ PC의 보안 프로그램이 해당 소프트웨어 설치나 실행을 승인하지 않는 경우다. 필요한 소프트웨어라면 보안팀에 승인을 요청한다.

- **회사에서는 잘 작동하는 프로그램이 집에서는 안 될 때**

⇨ 해당 프로그램이 사내 네트워크에서만 작동하는 프로그램이다. 사외에서 작동하려면 VPN이나 VDI 등 가상망을 사용하거나, 보안팀에 외부 접속을 요청한다.

- **집이나 카페 등에서 와이파이에 접속하여 회의해야 할 때**

⇨ 카페 등 공용 장소에서는 가급적 중요한 회의를 삼가는 것이 좋다. 부득이한 경우에는 비밀번호가 적용되고 보안이 철저한 와이파이를 연결한다.

> **Tip** 회의 시작 전에는 바탕화면을 깨끗이 비우는 것이 좋다. 바탕화면에 비공개 파일이 있거나, 실수로 바탕화면의 아이콘을 눌러 실행해서 구성원에게 보여줄 수도 있기 때문이다.

리더가 알아야 할 보안

인터넷 보안: Slido, Padlet 등 웹 애플리케이션을 사용할 경우

인터넷 보안은 인터넷 브라우저를 통해 특정 웹사이트에 접속할 때 악성코드 설치를 막거나, 과도한 트래픽 발생을 지연시키거나, PC의 보안 파일이 전송되는 것을 금지하기 위한 보안이다. 이때 서비스를 제공하는 서버의 IP나 도메인 주소만 접속을 허용하는 화이트리스팅Whitelist = Allowlist, 해당 IP나 도메인 주소만 접속을 허용하지 않는 블랙리스팅 Blacklist = Denylist 방법이 있다.

여기서 중요한 것은 해당 웹사이트에 접속은 되는데, 특정 기능이 안 될 경우다. 예를 들어 구성원과 텍스트, 이미지, 동영상을 다양한 서식으로 공유하고 별점도 매길 수 있는 웹 애플리케이션 Padlethttp://www.padlet.com을 사용할 때 이미지를 불러오지 못하는 경우가 있다. 이는 padlet.com 도메인만 화이트리스트에 등록되어 있고 Padlet에서 이미지를 저장하는 도메인인 padlet.pics는 화이트리스트에 등록되어 있지 않거나, 또는 padlet.pics가 블랙리스트에 등록되어 있을 때 생기는 문제이다. 이 문제를 해결하려면 보안 담당자에게 padlet.pics 등의 도메인을 화이트리스트에 추가하거나, 블랙리스트에서 제거하도록 요청해야 한다. 참고로 Padlet은 이런 문제가 잦아서 사용자가 보안 문제를 직접 확인할 수 있도록 하는 웹페이지를 제공한다. 주소는 https://padlet.com/diagnostics 이다.

Padlet에 접속할 수 있지만 이미지는 보이지 않는다.
padlet.pics 도메인으로 접속을 허용하지 않아서 생기는 문제다.

엔드포인트 보안: DRM이 적용된 파일을 화면 공유할 경우

엔드포인트 보안은 개인 PC나 스마트폰에 보안 프로그램을 설치하여 시스템과 파일 등을 보호하는 보안이다. 보통 사내 보안 프로그램을 설치함으로써 작동한다. 대표적인 보안 프로그램에 DRM이 있다.

회사 노트북으로 회의를 할 때 PC에 있는 보안 문서를 공유하려고 하면 보안 프로그램이 작동하여 다른 사람에게는 검정색 화면으로 보인다. 이 때는 해당 파일의 DRM을 먼저 해제하고 공유해야 한다.

애플리케이션 보안: 적절한 화상회의 툴을 선택해야 할 경우

애플리케이션 보안은 개발자가 애플리케이션을 개발할 때 적용하는 보안이다. 보안이 우수한 애플리케이션을 사용하는 것이 좋지만, 보안이 과도하게 적용된 경우 사용성과 성능이 급격히 떨어질 뿐만 아니라 원하는 기능을 다 사용할 수 없다.

예를 들어 여러 가지 화상회의 툴을 사용할 수 있을 때, 보안 문제가 거의 없는 일상적인 회의라면 보안 수준이 낮은 툴을 사용하고, 사내 극비 문서를 다루거나 할 때는 보안이 엄격히 적용된 내부 화상회의 툴을 사용하는 식으로 툴 사용을 적절히 선택할 필요가 있다.

네트워크 보안: 외부인이 내부 시스템을 사용할 경우

네트워크 보안은 외부인, 또는 외부에서 내부 네트워크에 접속하지 못하도록 차단하는 보안이다. 만약 내부 네트워크에 있는 화상회의 시스템에 외부인이 접속할 때는 내부 결재를 거쳐 인증한 후 ID와 Password를 제공하거나, VPN을 이용하여 접속하도록 유도해야 한다. 이 경우 외부인이 시스템의 어느 기능까지 사용할 수 있는지 권한을 꼭 확인하여야 한다.

예를 들어 화상회의를 사용할 수는 있으나 채팅 창 등을 통해 파일을 주고받지 못할 수도 있다. 만약 이런 경우라면 사전에 리더가 구성원의 파일을 미리 받아서 내부 네트워크(이메일이나 그룹웨어 등)를 통해 제공해야 한다.

클라우드 보안: 클라우드 시스템에 있는 파일을 사용할 경우

마지막으로 클라우드 보안은 클라우드 시스템의 보안 체계이다. 화상회의에서 사용할 특정 파일이 개인 PC가 아니라 클라우드에 저장되어 있다면 해당 파일에 접속할 수 있는 권한을 참가자가 가지고 있어야 한다.

ONTACT

LEADERSHIP

PART 3

리더가 꼭 써야 할
온라인 툴 4선

아이디어를 모으고
과제를 도출할 때는 Retrium

전략 회의, 과제 도출, MBO/OKR 수립에 최적

Retrium은 애자일 프랙티스 중 온라인에서 회고를 쉽게 하기 위해 개발된 툴이다. 회고는 매일 오후나 매주 특정 요일 오후에 팀원이 모여 자유롭게 의견을 내고 투표하고 토론하여 다음 날이나 다음 주의 액션 아이템을 도출하고 실시간으로 관리하는 방법이다. 회고를 영어로 Retrospective라고 하며 이 이름을 딴 툴이 Retrium이다.

Retrium은 팀 회의실Team Room을 만든 사람이 호스트(=퍼실리테이터)가 되어 회의를 체계적으로 주재할 수 있다. 툴 자체가 제공하는 회의 방식은 4단계로 구성되어 있다.

첫 번째 단계는 'Think'다. 구성원은 아이디어를 포스트잇에 익명으로 적는다. 오프라인 회의에서 구성원에게 아이디어를 내라고 하면 잘 내지 못한다. 아이디어가 떠오르지 않은 이유도 있겠지만 보통은 아이디어를 낸 사람이 일을 떠맡거나, 아이디어를 실명으로 내려니 적극 나서지 않는다. Retrium은 구성원이 회원가입을 하지 않고 접속하게 함으로써 익명으로 아이디어를 자유롭게 내도록 한다.

두 번째 단계는 'Group'이다. 다양한 아이디어가 등록되면 유사한 아이디어를 그룹으로 묶거나 불필요한 아이디어는 버려야 한다. 이 작업을 리더 혼자 하는 것이 아니라 구성원 모두가 동시에 같이 할 수 있다. 포스트잇을 움직여서 그룹을 만들거나, 휴지통 그룹을 만들어서 포스트잇을 버릴 수도 있다. 그룹 이름을 바꿈으로써 아이디어를 다시 정의할 수도 있다.

세 번째 단계는 'Vote'다. 여러 그룹으로 아이디어를 묶은 다음에는 어떤 아이디어가 좋을지, 어떤 아이디어를 먼저 실행해야 하는지 구성원과 공정하고 공평하게 투표하여 순위를 정할 수 있다. Retrium은 그룹의 개수에 따라 자동으로 투표 개수가 정해진다. 누가 어디에 투표했는지는 모르지만 누가 투표를 하고 있는지는 실시간으로 확인할 수 있어서 회의를 긴장감 있게 운영할 수 있다.

네 번째 단계는 'Discuss'다. 가장 많이 투표 받은 아이디어 그룹을 하나씩 보면서 자유 토론을 하고 여기서 액션 아이템을 도출한다. 액션 아이템은 엑셀로도 내려 받을 수 있다. 히스토리History 탭에서 모든 내역을 확인하거나 액션 아이템 실행 여부를 체크할 수도 있다.

Retrium은 리더가 온라인에서 마우스 클릭만으로 Think, Group, vote,

Discuss 단계를 진행할 수 있다. 구성원이 얼마나 참가하고 있는지를 실시간으로 확인할 수 있고 아이디어 제안의 익명을 보장하므로 화상회의에서 리더가 사용하기에 최적의 툴이다. 아이디어 도출이 필요한 전략회의, 과제 도출 회의, 문제 해결 회의, MBO나 OKR 같은 성과 지표 도출회의 등에 유용하다.

그러면 이제부터 Retrium 사용법을 배워 보자.

Retrium에 회원가입하기

Retrium은 설치 프로그램 없이 웹 브라우저에서만 작동한다. Retrium 홈페이지https://www.retrium.com/에서 회원가입을 하면 바로 서비스를 이용할 수 있다. 회원가입은 화면에서 Start free trial 버튼을 눌러서 이메일 주소를 입력한 뒤 인증 메일이 오면 인증 링크를 클릭한 뒤 비밀번호를 설정하는 것으로 마무리된다.

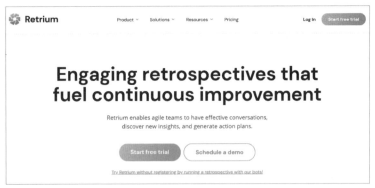

Retrium 초기화면 오른쪽 상단,
또는 한가운데에 있는 Start Free Trial 버튼을 눌러 간단히 회원가입을 할 수 있다.

이메일 인증 후에는 자동 로그인이 된다. 만약 자동 로그인이 되지 않으면 홈페이지에서 오른쪽 위에 있는 Log in 메뉴를 클릭하면 이메일과 비밀번호로 로그인할 수 있다.

여기서 주의할 점이 있다. 이메일 주소로 인증 메일이 늦게 도착하거나 오지 않는 경우가 있다. 회사 이메일을 사용할 때 보안 시스템에서 스팸 처리를 할 수도 있으므로 3분 내에 인증 메일이 오지 않는다면 스팸함을 보거나 일반 상용 메일 서비스(구글, 네이버, 카카오 등)로 다시 회원가입한다.

Retrium은 회원가입 후 한 달 동안 모든 기능을 무료로 사용할 수 있다. 한 달 후에는 활성화하는 팀 룸 하나 당 월 29US$이다. 이때 팀 룸 자체는 무제한 만들 수 있으나 동시에 실행할 수 있는 팀 룸=Activated Room이 하나란 뜻이다. 따라서 여러 팀 룸을 만들어 놓은 뒤 필요할 때마다 룸 하나만 활성화하여 사용하면 된다.

더불어 Retrium은 구글 크롬 브라우저에 최적화되어 있다. 모바일에서는 화면이 제대로 보이지 않으므로 화상회의를 할 때는 오디오로 소통하면서 각자 자기 브라우저를 보고 진행하는 것이 좋다.

팀 룸 만들기

회원가입을 한 뒤 이메일을 인증하면 이름과 팀 룸 이름을 정할 수 있다. 적절한 이름을 입력하고 나면 해당 팀 룸으로 바로 입장한다. 만약 팀 룸을 새로 만들고자 한다면 왼쪽 위 Retrium 로고를 클릭하자. 그러면 대시보드 화면에서 새 팀 룸을 만들 수 있다.

대시보드 화면 왼쪽 위에는 현재 화면인 Team Rooms 탭이 있고, 그 옆에는 멤버를 초대할 수 있는 Members, 일반 설정을 할 수 있는 administration 탭이 있다. 오른쪽 위에는 프로필 아이콘이 있어서 프로필을 변경할 수 있다.

화면 가운데에는 내가 만든 룸인 Team Rooms, 다른 사람이 만든 룸에 내가 참여한 Other Team Rooms, 비활성화한 팀 룸인 Deactivated Team Rooms가 있다. 지금은 만들거나 참가한 팀 룸이 없으므로 모두 비어 있다. 이제 나의 팀 룸을 만들어보자. + New Team Room을 클릭한다.

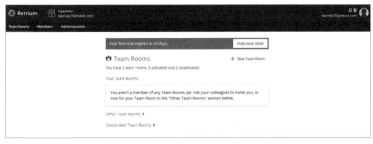

새 팀 룸을 만들 때는 + New Team Room을 눌러야 한다.

Create a new Team Room 대화 상자가 나타나면 중간에 있는 Team Room Name에 회의실 이름을 입력한다. 그 아래에 Select Team Room Visibility는 이 팀 룸을 정해진 멤버만 접속하게 할지, 회원 가입하지 않은 채 익명으로 접속하게 할지 선택할 수 있는 기능이다. 구성원이 익명으로 참가하게 하려면 Public을 선택하고 오른쪽 아래 CREATE TEAM ROOM을 클릭한다.

구성원이 익명으로 Retrium에 접속하게 하려면 Public을 선택해야 한다.

방금 만든 팀 룸으로 이동하면 다음 그림처럼 팀 룸에 입장한다. 왼쪽에는 다른 사람을 초대하는 링크가 있고 그 밑에 본인 이름이 나타난다. 나중에 다른 사람이 이 팀 룸에 접속하면 그 사람들의 프로필 아이콘과 이름이 나타난다. 팀 룸에서 이제 회고를 시작해 보자. 화면 오른쪽에 있는 Create retro 버튼을 클릭한다.

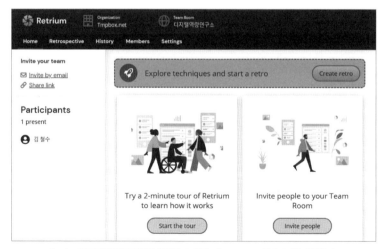

Retrium은 팀 룸을 만들면 작동 방법을 소개하는 Start the tour 튜토리얼을 제공한다.

Retrium은 크게 두 가지 기능을 제공한다. 하나는 앞에서 말했던 칼럼 방식Sticky Notes in Columns이며, 또 하나는 레이더 진단Team Radars이다. 레이더 진단은 뒤에서 얘기하고, 일단 칼럼 방식을 시작하자. 오른쪽 맨 아래에 있는 Custom Columns 버튼을 클릭하여 빈 칼럼으로 시작하자.

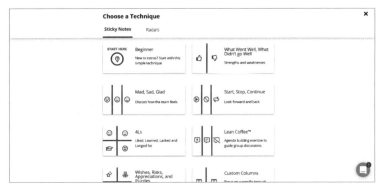

탬플릿이 많아 보이지만 어차피 항목명만 다른 것이므로 오른쪽 아래 끝에 있는
Custom Columns를 선택하면 된다.

Custom Columns를 선택하면 미리보기 화면이 나타난다. 화면 가운데에 있는 Start retro 버튼을 클릭하자.

탬플릿을 선택하면 어떻게 적용되는지 미리 보여준다.

이제 회고를 시작하는 화면이 보인다. 칼럼이 비어 있으므로 Add a New Column 버튼을 클릭하여 칼럼을 추가하고 이름을 바꾼다. 칼럼 개수는 필요한 만큼 만들 수 있다. 예를 들어 주제나 카테고리가 하나라면 칼럼을 1개만 만들고 "아이디어"라고 적으면 된다. 주제가 여러 목표를 정하는 것이라면 "재무 목표", "교육 목표", "전략 목표" 등으로 칼럼을 만들 수 있다. 만약 SWOT과 같은 전략 프레임워크를 사용한다면 "강점", "약점", "기회", "위협"으로 칼럼을 만드는 것도 좋다.

칼럼을 원하는 만큼 추가할 수는 있지만 4개 이하를 권장한다.

구성원 초대하기

구성원을 팀 룸에 초대할 때는 이메일을 보내거나 링크 주소를 알려주는 방법이 있다. 구성원과 자주 회고를 하겠다면 이메일로 초대하여 구성원이 회원가입하게 하는 것이 좋다. 구성원이 완전히 익명으로 참가하게 하고 싶다면 링크 주소를 알려준다.

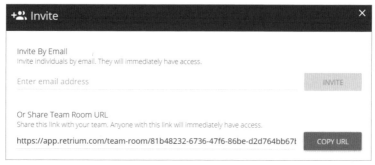

구성원은 이메일이나 URL로 Retrium에 참가할 수 있다.

구성원이 해당 URL로 접속하면 Continue as Guest 버튼을 눌러 회원 가입 없이 바로 참가할 수 있다. 다음 페이지에서 원하는 프로필 이름을 설정할 수 있으므로, 만약 구성원이 실명으로 참가하기 원한다면 이때 이름을 실명으로 적게 한다.

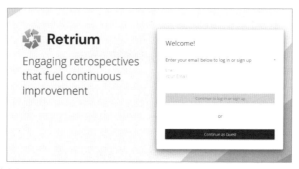

구성원에게 URL을 알려주면 구성원은 회원가입 없이 완전 익명으로 Retruim에 접속할 수 있다.

팀 룸에 입장한 구성원은 일단 Home 화면으로 접속하므로 오른쪽에 있는 Join Retro 버튼을 누르도록 해야 회고에 참가할 수 있다.

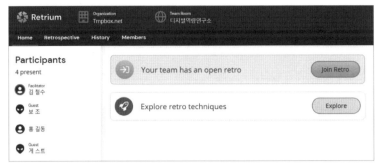

게스트로 입장한 구성원이 회고에 참가하려면 Join Retro를 누르면 된다.

구성원이 참가하면 다음과 같이 화면 왼쪽에 Participants(참가자) 수가 증가하고 참가자 목록이 그 아래에 나타난다.

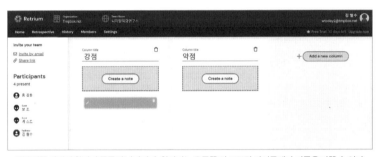

화면 왼쪽 아래에 참가자 목록이 나타난다. 참가자는 오른쪽 위 프로필 아이콘에서 이름을 바꿀 수 있다.

회의 1단계: Think, 아이디어 내기

구성원이 다 참가하였다면 이제 회의를 시작한다. 모든 것이 준비되어 있으므로 바로 Think 단계를 시작할 수 있다. 리더는 구성원에게 아이디어를 제시하라고 하면 된다. 아이디어 제시는 각 칼럼 아래에 있는 CREATE A NOTE를 클릭하면 나타나는 포스트잇에 아이디어 내용을 적는 방식으로 진행한다. 이때 다른 구성원이 추가한 포스트잇은 보이지만 내용은 본인 것만 보인다. 물론 익명이므로 누가 어떤 아이디어를 제시했는지는 알 수 없다.

Think 단계에서 누구나 아이디어나 의견을 익명으로 제시할 수 있다.
다른 사람이 무엇을 적고 있는지도 볼 수 없다.

> **Tip** 화면 하단에 있는 톱니바퀴 아이콘을 클릭하면 회의를 중지하거나 다른 참가자에게 퍼실리테이션 권한을 넘길 수 있다. 자명종 아이콘을 클릭하면 참가자 PC에서 알림 소리가 나게 할 수 있다. 시계 아이콘을 클릭하면 타이머를 실행할 수 있다.

회의 2단계: Group, 아이디어 정리하기

아이디어가 어느 정도 나왔다면 이제 아이디어를 공유하면서 불필요한 것은 없애고 비슷한 것은 묶어야 한다. 리더가 화면 아래에 있는 오른쪽 괄호 버튼을 클릭하면 구성원 화면도 자동으로 Think 단계에서 Group 단계로 넘어가면서 포스트잇 내용이 모두 보인다.

포스트잇을 마우스로 클릭하여 드래그 하면 원하는 곳으로 이동하거나 다른 포스트잇과 그룹을 만들 수 있다. 이 기능은 구성원 모두에게 권한이 있으므로 리더가 직접 할 필요 없이 구성원이 자유롭게 아이디어를 정리하도록 유도하는 것이 좋다.

Retrium은 칼럼 간 포스트 이동도 허용한다. 예를 들어 강점 칼럼에 쓴 내용을 다시 보니 약점인 것 같아서 약점 칼럼으로 옮기고 싶다면 얼마든지 이동할 수 있다. 만약 칼럼 간 포스트 이동을 원하지 않는다면 리더가 진행할 때 칼럼 간 포스트 이동을 하지 말라고 구성원에게 미리 말해야 한다.

포스트잇을 그룹으로 만들면 Group Title을 지정할 수 있다. 포스트잇이 겹쳐서 보이지 않으면 그룹 타이틀 위에 있는 Expand Group을 누르자.

> **Tip** 일단 Group 단계로 넘어오면 포스트잇을 추가로 만들 수 없다. 이것은 회고의 원칙이기 때문이다. 그러나 Group 단계에서 어떤 내용을 꼭 추가하고 싶다면 Group Title을 이용할 수 있다. 즉, 이전 단계인 Think 단계에서 빈 포스트잇을 여러 개 만들어 놓으면 Group 단계에서 빈 포스트잇 2개를 그룹으로 묶어서 Group Title에 필요한 내용을 적을 수 있다.

회의 3단계: Vote, 아이디어에 투표하기

아이디어 정리를 모두 끝냈다면 이제 어떤 아이디어가 중요한지 시급한지 투표할 차례이다. 화면 가운데 아래에 다음 단계로 넘어가는 오른쪽 괄호 버튼을 클릭하면 Vote 단계로 넘어간다. Vote 단계에서는 아이디어의 개수에 따라 투표 스티커가 1인당 몇 개씩 자동으로 주어지고, 구성원이 몇 개 투표했는지 실시간으로 모두 확인할 수 있다.

투표는 각 그룹의 왼쪽 위에 있는 + 아이콘을 클릭하면 투표 스티커를 하나씩 붙일 수 있으며 한 그룹에 모든 스티커를 다 붙일 수도 있다. 이미 투표한 검은 스티커를 클릭하면 투표를 취소할 수 있다.

투표 스티커 개수는 포스트잇 그룹 개수에 따라 자동으로 결정된다.

> **Tip** 투표를 반드시 해야 하는 것은 아니다. 아이디어 정리를 하고 나서 바로 토론하고 액션 아이템을 도출하려면 Vote 단계에서 투표를 하지 않고 바로 다음 단계로 넘어갈 수도 있다.

회의 4단계: Discuss, 토론하고 액션 아이템 도출하기

투표를 완료하였으면 다음 단계로 넘어간다. Discuss 단계가 되면 가장 많이 투표를 받은 그룹이 먼저 나타난다. 여기서 해당 내용을 충분히 토론한 뒤 구성원이 액션 아이템을 얘기하거나, 화상회의 채팅 창에 입력하면 리더가 Retrium 오른쪽 화면에서 액션 아이템을 추가한다. 다음 그룹을 확인하려면 화면 중앙에 있는 Next Topic을 클릭한다.

이 화면은 토론의 진도율도 보여준다. 화면 왼쪽 위, Completed O of O topics(OO%)는 지금까지 다룬 토픽(=그룹)의 개수와 비율을, Completed O of O votes(OO%)는 그 토픽에 붙은 투표 개수를 보여준다.

이 두 숫자를 기준으로 적절한 토론 개수를 정하거나 의견의 집중이나 분산을 판단할 수 있다. 예를 들어 토픽 진도율이 30%고, 투표 진도율이 90%라면 참가자 의견이 대체로 일치한다고 볼 수 있다. 토픽 진도율이 30%인데 투표 진도율이 35%라면 참가자 의견이 분산되어 있다는 것을 알 수 있다.

화면 오른쪽에는 Action plan이 있어서 토론 결과로 나온 액션 플랜을 추가할 수 있다. 액션 플랜은 호스트만 추가할 수 있다.

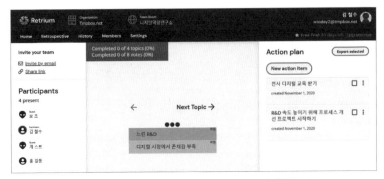

충분히 토론하여 액션 아이템을 도출하는 것이 Retrium의 최종 목표다.

액션 플랜 및 히스토리 관리

이제 다음 단계로 넘어가면 완료가 되어 새 회고를 시작할 수 있다. 여기서 왼쪽 위 History 탭을 클릭하면 지금까지 이 팀 룸에서 진행한 회의 내용을 모두 확인할 수 있다.

History에서 액션 아이템을 관리할 수도 있다.

팀의 역량을 진단할 때는 Retrium의 Team Radars

레이더로 진단하고 통계 분석하기 좋은 툴

앞에서 설명한 Retrium에는 팀의 역량을 진단할 때 쓰기 좋은 레이더 진단 기능이 있다. 구성원이 최대 7개 항목을 5점 척도로 익명으로 응답하면 전체 결과를 평균, 범위, 표준 편차, 예외 등 통계 관점에서 분석할 수 있다. 간단한 역량 진단에서부터 맥킨지의 7S 모델 등 조직 진단에 이르기까지 온라인에서 아주 쉽고 간편하게 진단하고 분석할 수 있는 툴이다.

팀 레이다 진단을 시작하려면 새 레트로Retro를 시작한 뒤 Radars 탭을 선택한다. 이때 템플릿은 진단 항목만 예시를 든 것이므로 맨 아래에 있는 Custom Radar를 선택한다.

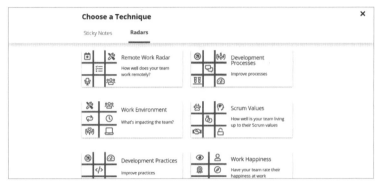

새 회고를 시작할 때 Radars 탭을 선택해야 한다.

진단 1단계: Define, 진단 항목 정의하기

Custom Radar를 선택하면 바로 레이더 그림이 나타난다. 우선 진단 이름을 입력하자. 각 축에 있는 Edit를 클릭하면 진단 항목명을 입력할 수 있고, 축을 추가할 때는 축 사이에 있는 ADD SPOKE를 클릭하면 된다.

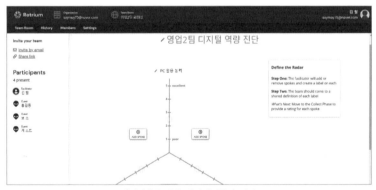

레이더 축은 최대 7개까지 만들 수 있다.

진단 2단계: Collect, 구성원 응답 모으기

구성원에게 각 축의 의미를 설명한 뒤 Collect 단계로 넘어간다. Collect

단계에서 구성원이 각 축의 점수를 선택하면 항목별 점수가 선으로 연결되어 다각형 모양이 나타난다. 이때 다른 구성원이 어떤 점수를 선택했는지는 알 수 없으나 누가 지금 참가하고 있는지는 왼쪽 화면 이름 옆에서 실시간으로 확인할 수 있다.

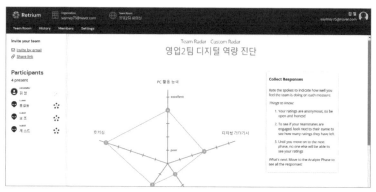

본인 화면에서는 본인 진단만 볼 수 있다.

진단 3단계: Analyze, 결과 분석하기

구성원이 모두 참여했다면 다음 단계인 Analyze로 넘어간다. 이 단계에서는 여러 통계 기법을 이용하여 구성원의 진단 결과를 분석할 수 있다. 우측 NEXT 버튼을 누르면 그 아래에 있는 Legend범례의 항목을 하나씩 보면서 분석할 수 있으며, 2개 이상의 항목을 동시에 보려면 Legend 목록 앞에 있는 체크 박스를 선택한다. 통계 분석 범례는 다음과 같다.

- **Individual Responses** 개별 응답 결과를 모두 표시
- **Average** 평균 표시

- **Median** 중앙값 표시

- **Range** 개별 응답의 범위를 음영으로 표시

- **Standard Deviation** 표준 편차 표시

- **Outliers** 이상치 표시

- **Normal Distribution** 정규 분포

- **Histogram** 도수분포도

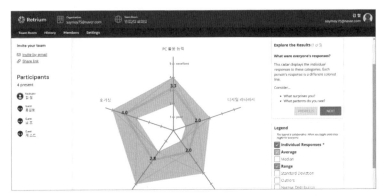

Retrium의 레이더 진단은 빠르고 정확할 뿐 아니라 통계 분석 기회를 제공한다.

팀 업무를 시각화하여 관리할 때는 Trello

칸반을 가장 쉽게 구현한 툴

칸반 방식의 프로젝트 관리 툴 Trello는 현재 Slack과 더불어 세계에서 가장 핫 한 툴이다. 북미의 스타트업 대부분은 Trello를 사용하고 있으며 심지어 구글이나 MS 직원들도 소규모 프로젝트를 관리할 때는 Trello를 사용한다.

Trello를 사용하면 브라우저 기반으로 팀의 업무, 시간, 보고, 협업을 시각화하고 자동으로 관리할 수 있다. 이 때문에 리모트 시대에 팀장급 리더에게 필수 툴이 되고 있다. 어느 정도 기능은 무료로 사용할 수 있으며 사용법이 다른 툴에 비해 쉬워서 한 시간 정도만 둘러보면 누구나 쉽게 사용할 수 있다.

Trello 사용법을 설명하기 전에 우선 칸반을 먼저 이해하자. 칸반은 일정한 공정마다 생산 흐름을 마분지로 된 카드(=간판)에 기록하고 이 카드를 서로 주고받으면서 낭비를 제거하고 필요한 물품만 만드는 시스템이다. 1980년대 일본 도요타의 생산관리 시스템에서 유래했다.

이것을 IT 개발자들이 IT 프로젝트에 반영하면서 애자일의 한 프랙티스로 발전시켰다. 그 뒤로 IT 서비스를 주로 개발하는 스타트업과 구글 같은 IT 글로벌 기업이 사용하였고 팀 업무 생산성이 높아지는 것을 경험했다.

Trello 회원가입과 Board, List, Card 만들기

Trello 회원가입은 구글이나 MS, 애플 계정으로 바로 할 수 있다. 일단 개인 구글 계정으로 가입해서 사용해본 다음 회사 이메일 계정으로 다시 가입해서 구성원과 사용하는 것이 좋다.

Trello 홈페이지https://trello.com/에서 회원가입을 완료하면 자동으로 로그인이 되고 대시보드로 이동한다. 대시보드에는 만들었거나 참여하는 Board 목록이 보인다. Board는 프로젝트 하나를 다루는 판이라고 보면 된다. 대시보드에서 해당 카테고리에 있는 Create new board를 클릭하거나, 오른쪽 위에 있는 + 아이콘을 눌러 새 Board를 만들 수 있다.

Trello 대시보드 화면에서 새 Board를 만들 수 있다.

Board를 만드는 대화 상자가 나타나면 Board 이름을 적고 카테고리를 선택한다. 이때 Team Visible을 클릭하여 Private(혼자만 사용), Team(팀 멤버를 초대하여 같이 편집), Public(회원가입 하지 않은 사람도 볼 수 있게 허용) 중 하나를 선택한다.

Board를 만드는 화면에서 Board 이름, 권한 등을 설정할 수 있다.
무료 버전에서는 보드를 10개까지 만들 수 있다.

Board를 만들면 자동으로 해당 Board로 이동한다. Board 화면은 멋진 배경 이미지 위에 왼쪽 상단에는 Board 이름, 즐겨찾기 아이콘, 카테고리, 공개 여부, 참가자 프로필 아이콘, 초대Invite 버튼이 있다. 바로 밑에는 List를 추가할 수 있는 칸이 자동으로 활성화되어 있어서, 여기에 List를 추가할 수 있다. List는 프로젝트의 각 단계, 또는 업무 묶음^{그룹}이나 종류^{카테고리}라고 생각하면 된다.

오른쪽 About This Board 패널은 이 Board의 속성을 정하는 것이므로 X를 눌러 닫는다. 일단 List를 추가하고 List 안에 Card를 만들어 보자. Enter list title에 "할 일"을 입력하고 Add List 버튼을 클릭한다.

Trello의 List 만들기는 Retrium의 Column 만들기와 비슷하다.

List를 추가하면 List가 추가되며 오른쪽에 새 List를 추가할 수 있는 입력 칸이 자동으로 나타나므로 List를 원하는 만큼 추가할 수 있다. List 안에 Card를 추가해 보자. "할 일" 리스트 안에 있는 Add a card를 클릭하여 새 Card를 만든다.

Trello는 Board - List - Card 구조로 구성되어 있다는 것을 기억하자.

이렇게 해서 Board, List, Card를 만들어 보았다. 이쯤에서 눈치챘겠지만 Card가 바로 칸반(간판)이다. 이 Card가 하나의 '일'이 되며, '일이' 완료되었을 때는 "완료한 일" List로 옮기고, 만약 검토가 필요하다면 "검토할 일" List로 옮길 수 있다. 마치 자동차를 생산하는 공정에서 원자재가 이동하면서 하나의 자동차로 출고되듯이 일을 관리하는 것이다. 그럼 이제 본격적으로 Card로 어떻게 일을 관리하는지 알아보자.

List를 공정이라 생각하고 Card를 일이라고 보면 된다.

Card로 일을 할당하고 진척을 체크하기

일단 아무 Card나 클릭하자. 그러면 Card 상세 화면이 나타나며, 이 화면에서 다양한 기능을 적용하여 일을 관리할 수 있다.

Card 이름을 클릭하면 Card 세부 내용을 적거나 설정할 수 있는 화면이 나타난다.

Members

이 Card에 구성원을 멤버로 할당한다. 특정 구성원에게 어떤 일을 하라고 지정하는 것과 같아서, Card에 멤버로 등록된 구성원은 해당 Card에 할당되어 Card 내용과 진척 상황을 알림을 통해 바로 확인할 수 있다. 이때 주의할 점은 Board에 멤버로 이미 할당이 되어 있는 구성원만 Card에 할당할 수 있다는 것이다. Board에 멤버로 할당하라면 Board 화면에서 Invite 버튼을 클릭하여 Board에 초청해야 한다.

Labels

라벨은 Card에 붙이는 태그다. 하나의 라벨을 여러 Card에 추가할 수도 있고, 한 Card에 여러 라벨을 부칠 수도 있다. 예를 들어 리더가 반드시 검토해야 하는 Card라면 "리더 검토 필수" 라벨을 만들어 붙일 수 있다. CEO에게 진척을 보고해야 하는 일이라면 "CEO 보고 필수" 라벨을 붙일 수도 있다.

Checklist

체크리스트는 해당 Card의 세부 태스크나 진척도를 확인하는 데 사용한다. 체크리스트를 만들면 해당하는 멤버가 완료 여부를 체크할 수 있으며, 체크 내역은 비율로 환산되어 진척률로 나타난다. 예를 들어 체크 항목을 5개 만든 뒤 리더나 해당 멤버가 항목 2개를 완료하였다고 체크하면 진척율은 40%로 표시된다.

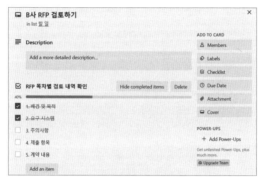

체크리스트를 체크하면 개수 비례로 진척도가 계산된다.

Due Date

Card의 일에 마감일을 정한다. 유료 버전을 사용하면 체크리스트 각 항목에도 마감일을 설정할 수 있다. 마감일이 되면 해당 내용을 알림으로 받을 수 있다.

Attachment

Card에 관련 자료를 등록한다. 이미지, 파일, 링크 등 다양한 형식의 파일이나 문건을 첨부할 수 있다.

Power Ups

파워업은 일종의 확장 애플리케이션이다. 구글 크롬 브라우저에 확장 앱을 추가할 수 있는 것처럼 Trello에도 다양한 확장 앱을 추가할 수 있다. 어떤 확장 앱이 있는지 다음 장에서 자세히 알아보자.

Power Ups로 관리 기능을 확장하기

Card에서 Power Ups를 클릭하면 파워업 카테고리와 목록이 나타난다. 워낙 다양한 파워업이 있으므로 필요한 기능을 검색하거나 목록에서 찾아볼 수 있다. 무료 버전에서는 파워업을 1개만 사용할 수 있다.

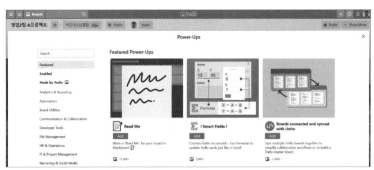

파워업은 일종의 탬플릿이다.

여기서는 매트릭스를 만들 수 있는 Matrix for Trello를 사용해 보자. 검색창에 matrix로 검색하면 나타나는 이 파워업은 Card를 매트릭스에 배치할 수 있는 앱이다. 예를 들어 중요도와 긴급도를 기준으로 Card의 우선 순위를 구성원과 같이 정할 수 있다.

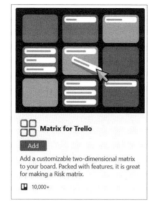

파워앱 중에서
유용한 Matrix 앱을 사용하면
다양한 매트릭스를
만들 수 있다.

Add 버튼을 클릭하면 사용법이 나타나며 맨 아래 Get Started를 클릭하면 Card에 해당 파워업이 추가된다.

모든 파워업 앱에는 설명서가 있어서 찬찬히 읽어보면 어떻게 사용하는지 알 수 있다.

Card에서 해당 파워업을 선택하여 활성화하면 해당 카드의 매트릭스 설정을 할 수 있다. 이때 오른쪽 위에 Matrix 버튼이 생기고 이 버튼을 누르면 전체 카드의 매트릭스를 설정할 수 있다.

matrix 파워업 앱이 카드에 적용되어 있다.

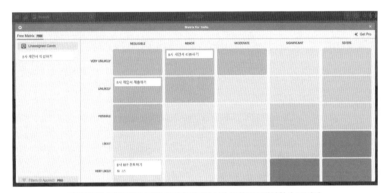

파워업에서 앱을 열어 기존 카드를 매트릭스에 드래그로 배치할 수도 있다.

> **Tip** 파워업은 종류도 많고 용도도 분명하므로 실제 팀 업무 관리에 필요한 파워업을 골라서 사용하는 것이 좋다. 무료 버전에서는 파워업을 1개만 사용할 수 있고 어떤 파워업은 기능을 모두 사용하려면 유료 결제를 해야 한다. 유료 결제가 부담이 될 수 있지만 월 몇 만원 정도로 팀의 업무 생산성을 높이고 불필요한 소통 비용을 줄일 수 있다면 충분히 투자할 가치가 있다.

Butler로 업무 관리를 자동화하기

Trello에는 업무 관리를 자동화하는 기능인 Butler가 있다. 고급 호텔에서 제공하는 개인 집사 서비스처럼 Butler는 Trello에서 반복적이거나 특정 상황에서 해야 할 일을 로봇이 대신하게 만드는 기능이다. Butler를 잘 이용하면 단순 반복 업무를 없애서 팀의 업무 생산성을 높일 수 있다.

Butler를 시작하려면 화면 오른쪽 위에 있는 Butler 버튼을 클릭한다. 그러면 Butler 사용 팁이 먼저 나타나고, 왼쪽에는 여러 종류의 Butler 기능을 만들 수 있는 목록이 보인다. 우선 맨 위에 있는 Rules를 클릭한다.

Rules는 지정한 규칙대로 Butler가 행동하도록 만드는 기능이다. 예를 들면 다음과 같은 자동화가 가능하다.

- 구성원이 "할 일" List에 새 Card를 만들면 "업무 원칙" 체크리스트가 추가된다.
- 구성원이 "할 일" List에 있는 Card를 "검토할 일" List로 옮기면 내게 알림을 준다.
- 마감일이 하루만 남은 Card가 있을 때 내게 메일로 알려준다.

Butler는 프로그래밍 언어를 사용하는 것이 아니어서 누구나 쉽게 만들 수 있다.

그러면 이제 Rules를 만들어보자. 화면 우측에서 Create Rule을 클릭하면 Trigger를 먼저 추가하라고 안내한다. Trigger는 "만약 ○○하면 ○○하라"에서 '만약 ○○ 하면'이다.

화면에서 Add Trigger를 클릭하면 다음 그림처럼 Trigger를 선택하는 화면이 나타난다. Rule은 한 문장으로 만들어지므로 Trigger는 한 어절로 기술된다. 각 어절 안에 있는 흰색 박스를 클릭하면 여러 옵션을 선택할 수 있다. 선택을 완료하면 해당 어절의 오른쪽 끝에 있는 + 버튼을 클릭한다.

Butler의 Trigger는 '만약 ○○ 하면'이다.

Trigger가 추가되면 자동으로 Action을 선택하는 내용으로 바뀐다. Action은 Card를 옮기거나 새 카드를 추가하거나 마감일을 설정하거나 체크리스트를 추가하는 등 다양하다. Card에 응원 멘트를 자동으로 넣으려면 Comment를 선택하고 멘트를 입력한 뒤 + 버튼을 클릭한다. Action을 추가할 수도 있으니 원하는 만큼 추가한다. 오른쪽 위 Save 버튼을 누르면 Triger와 Actions이 완성된다.

굉장히 많은 액션 옵션이 있으므로 여기서 팀 내부 결재 프로세스를 자동화할 수도 있다.

다음은 Rule 하나가 완성된 모습이다. 이렇게 Rule을 추가하여 업무 관리와 구성원간 소통을 아주 쉽게 자동화할 수 있다.

Butler를 하나 만들면 결국 한 문장으로 정리된다.

이제 새 Card를 만들면 자동으로 Comment가 등록된다.

Card를 만들면 자동으로 맨 아래에 코멘트가 입력되는 Butler를 만들 수 있다.

Butler에는 Rules 외에 Card Button, Board Button, Calendar, Due Date 등 다양한 자동화 도구가 있다. 각 도구의 사용법은 Rules와 비슷한다. 각 도구의 사용 예시는 다음과 같다.

Card Button

- Assign Me: join the card, add the yellow "In Progress" label, and an empty checklist named "To Do" to the card.

- Completed: move the card to the list "Done" and remove the card's due date.

- Send to Reviewer: add member @JohnSmith to the card, set the field "Stage" to "In Review", and post a comment that says "Ready for review!"

Board Button

- Monday Setup: Archive all cards in list "This Week", and move all cards in list "Last Week" to "This Week".

- Prioritize: Sort the cards in list "Doing" by custom field "Priority" descending.

- Shuffle Pick: Move 2 random cards from list "Backlog" to list "Doing".

Calendar

- Every day at 8:55am, sort the list "Backlog" by due date.

- Every third Wednesday of the month, create a card called "Planning Meeting" to the list "To Do" and add member @JohnSmith to the card.

- Every year on the 14th of February, create a list called "Valentine's Day Ideas".

Due Date

- The moment a card is due, move the card to the top of list "To Do" and join the card.

- The Sunday before a card is due, move the card to the bottom of list "This Week".

- 2 hours before a card is due, add the red label to the card.

- 3 days after a card is due, post comment "@board This card was due 3 days ago".

오프라인 회의실을 온라인에서 구현할 때는 Miro

화이트보드와 상황판을 온라인으로 구현한 툴

워룸War room은 전쟁 상황을 한눈에 파악하고 작전을 협의하는 곳을 말한다. 비즈니스에서는 기업 경영의 전략회의실, 또는 위기상황실을 의미한다. 워룸에는 화이트보드와 각종 상황판이 설치돼 있어서 경영 현황을 실시간으로 관리하고 점검할 수 있다. 참가자들과 자유롭게 정보를 공유하고 토론할 수도 있다.

보통 중견기업의 CEO급이 되면 별도 공간을 워룸으로 만들 수 있다. 하지만 보통 기업의 팀장급이라면 워룸을 위한 오프라인 공간을 마련하기가 어렵다. 이때 오프라인 워룸을 온라인으로 구현할 수 있는 온라인 화이트보드 툴을 사용하면 된다. 수많은 화이트보드 툴 중에서 가장 널리 쓰이고 네이버도 선택한 툴, Miro를 소개한다.

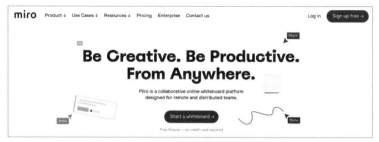

Miro는 온라인 협업용 화이트보드 툴의 끝판왕이라 할 수 있다.

팀 세팅 및 보드 만들기

Miro 회원가입은 홈페이지https://miro.com/에서 이메일, 또는 구글이나 페이스북 계정으로 할 수 있다. 로그인을 하면 바로 팀 세팅을 먼저 한다. 빈 칸에 팀 이름을 입력한 뒤 필요한 항목을 선택하고 다음으로 넘어가자. 몇 가지 옵션이나 질문이 나타나지만 나중에 다시 설정할 수 있으니 아무 거나 선택하거나 Skip for now를 클릭하여 넘어간다.

옵션 화면이 끝나면 자동으로 My First Board가 만들어지고, 보드 안

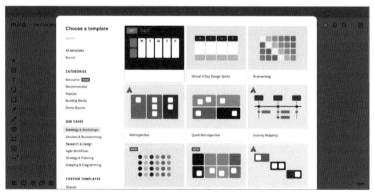

Miro는 엄청나게 많은 프레임을 제공한다.
프레임만 잘 활용해도 완전히 새로운 방식으로 팀의 업무를 혁신할 수 있다.

에 넣을 템플릿을 선택하는 대화상자가 나타난다. 보드는 아주 큰 화이트보드라고 생각하면 되고, 템플릿은 화이트보드에 붙이는 하나의 프레임이라고 보면 된다. 즉, 큰 화이트보드에 상황판 프레임, 토론 프레임, 칸반 프레임, 달력 프레임 등을 붙임으로써 워룸을 만들 수 있다. 여기서는 일단 어떤 프레임이 있는지 구경만 하고 오른쪽 위 X를 클릭하여 템플릿 선택 대화상자를 닫는다.

화면 구성과 기능 아이콘 이해하기

Miro를 처음 접하면 누구나 당황한다. 큰 화면에 아무런 설명 없이 모든 기능이 아이콘으로만 되어 있기 때문이다. 아이콘이 눈에 익기까지는 어쩔 수 없이 복잡하고 어렵게 느껴진다. 하지만 일단 아이콘을 하나씩 눌러보면서 어떤 기능을 하는지 알면 그 다음부터는 오히려 쉽게 사용할 수 있다.

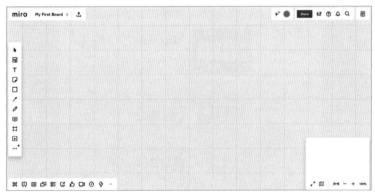

Miro 화면 구성은 설명 없이 아이콘으로만 되어 있어 처음에는 사용하기가 어렵다.
하지만 아이콘의 의미를 이해하면 나중에는 오히려 이런 화면 구성이 더 낫다고 생각하게 된다.

일단 화면의 왼쪽 위부터 아이콘의 의미와 기능을 확인해 보자.

- **miro 로고** 로고처럼 보이지만 클릭하면 대시보드 화면으로 이동
- **My First Board** 보드 이름이며 클릭하면 이름 변경 가능
- ⬆ 보드를 이미지나 PDF 파일로 저장.

오른쪽 위 아이콘의 기능은 다음과 같다.

- ⭢ 참가자의 마우스 커서를 보이게 하거나 숨기게 함
- ● 본인 프로필이며, 멤버가 있으면 멤버 프로필이 나타남
- Share 보드에 멤버를 초대하거나 볼 수만 있는 URL을 제공함
- ⫯⫰⫯ 화면 이동이나 그리드, 시작점, 커서 협력 등을 설정함
- ⑦ 도움말 목록
- 🔔 내게 온 알림 목록과 내용
- 🔍 보드 안에 있는 텍스트 검색
- 🗐 간단한 텍스트나 투두리스트, 프로젝트 내용 요약 등을 적거나 보여줄 수 있는 노트

화면 왼쪽에는 화이트보드 안에 다양한 형식의 컨텐츠를 입력할 수 있는 아이콘이 모여 있다.

- ▲ 보드의 항목을 선택함
- ⊟ 탬플릿 선택
- T 일반 텍스트 입력

- ▯ 포스트잇 입력

- ☐ 도형 입력

- ↗ 화살표 입력

- ✎ 그림 그리기

- 🗩 코멘트 삽입

- ⊞ 프레임 삽입

- ⬆ 파일 등 업로드

- ⋯ 추가 기능(웹 페이지, 차트, 구글 이미지 검색, 이모지 등).

화면 왼쪽 아래에는 부가 기능을 제공하는 아이콘이 있다.

- ⊟ 프레임 목록(파워포인트의 슬라이드 같은 기능)

- ▶ 프레젠테이션 모드

- 🗐 코멘트 목록

- 🗪 채팅

- 🃏 카드 목록

- ⬈ 화면 공유

- 👍 투표

- 📹 화상회의

- 🕐 타이머

- ⚡ 활동 내역

오른쪽 아래에는 화면을 확대, 축소, 화면 크기 맞춤 등의 기능이 있다.

- **64%** 화면 비율, 클릭하면 세부 메뉴 표시

- ↗ 전체 화면

- 🗺 현재 위치

- ↔ 브라우저 크기에 최적화

- ─ ╋ 화면 축소/확대

Tip Miro에는 엄청나게 많은 기능이 들어있다. 모든 기능을 한번에 다 익히려고 하는 것보다는 용도에 맞춰 필요한 기능을 하나씩 쓰면서 배우는 것이 좋다.

우리 부서만의 워룸 만들기

아이콘의 의미와 기본 기능을 익혔다면 이제 간단한 워룸을 만들어보자. 예를 들어 리더가 영업2팀장이라고 하고 팀원과 고객사 A, B, C, D사의 매출과 이슈 상황을 온라인으로 매일, 또는 매주 회의한다고 하자. 이때 Miro를 이용하면 다음 그림처럼 간단한 상황판을 만들 수 있고, 상황판에 이슈 포스트잇을 부착하거나 이동하면서 논의할 수 있다.

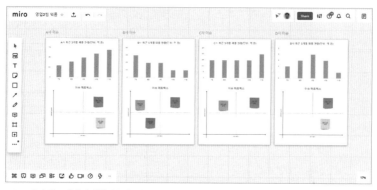

Miro에서 각 고객사별 상황판을 만들 수 있다. 차트는 실제 데이터를 기반으로 실시간 변경이 가능하다.

이런 상황판을 만들려면 먼저 프레임을 추가해야 한다. 화면 왼쪽 아이콘 모음에서 프레임 아이콘을 클릭하면 여러 크기의 프레임을 선택할 수 있다. 여기서 A4 크기의 프레임을 선택하면 캔버스에 New frame이 나타난다.

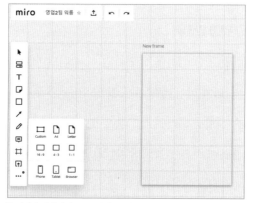

Miro를 시작하려면 먼저 Frame을 추가하고 그 위에 컨텐츠를 올리는 것이 좋다.

프레임에 차트를 추가하려면 옵션(…) 아이콘을 누르고 Tables and charts를 선택한다.

옵션 버튼을 누르면 추가 기능이 나타난다. 차트는 옵션 기능 중 하나다.

그러면 차트 종류가 나타나고 막대 차트를 선택하면 캔버스에 차트가 나타난다. 차트를 더블 클릭하거나, 마우스를 대고 오른쪽 버튼을 누르면 나오는 옵션 메뉴에서 Edit를 선택하면 차트를 편집할 수 있는 패널이 화면 오른쪽에 나타난다. 패널에서 차트 제목, 항목, 수치 등을 편집할 수 있으며, 차트 제목, 항목명, 범례를 표시할지 여부도 선택할 수 있다.

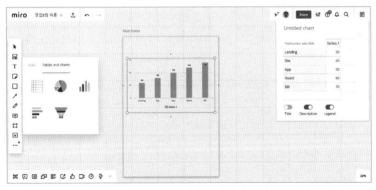

Miro는 다른 화이트보드 툴과 달리 엑셀처럼 데이터 기반의 차트를 화이트보드에 삽입할 수 있다.

이제 차트 밑에 매트릭스 탬플릿을 넣어보자. 화면 왼쪽 아이콘 모음에서 탬플릿 아이콘을 선택한 뒤 검색창에 matrix를 입력한 뒤 2x Prioritization matrix를 선택하고 추가한다.

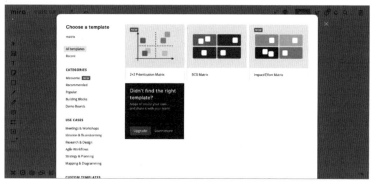

탬플릿이 많으니 검색해서 찾는 것이 좋다.

프레임에 차트와 매트릭스를 모두 삽입하였으면 Shift 키를 누른 상태에서 마우스 왼쪽 버튼을 누르고 드래그하여 프레임 전체를 선택한다. 내용을 그대로 복사하기 위해 Ctrl + D를 클릭하거나, 상단에 나타나는 메뉴에서 옵션(⋯)을 클릭하여 Duplicate를 선택한다.

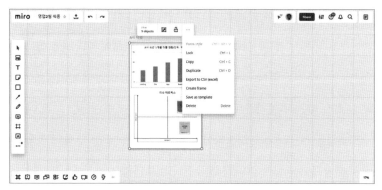

프레임을 복사할 때는 Ctrl-D 단축키를 사용하는 것이 좋다.

Tip 단축키를 보려면 화면 오른쪽 위 설정 아이콘을 클릭하여 나타나는 메뉴에서 Shortcuts를 선택하자.

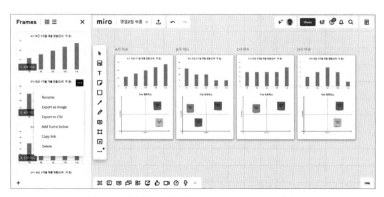

Frame을 적용하면 마치 파워포인트 슬라이드처럼 보여진다.

복사한 차트를 더블 클릭하여 수치를 수정하고 포스트잇을 붙이면 간단한 워룸이 완성된다. 이때 고객사별 상황판을 프레임으로 만들었기 때문에 왼쪽 아래 프레임 아이콘을 클릭하면 마치 파워포인트 슬라이드 미리보기처럼 왼쪽에 프레임 패널이 나타난다. 각 프레임을 클릭하면 캔버스 화면에서 해당 프레임으로 이동하면서 프레임이 화면에 꽉 차게 보여준다. 각 프레임의 옵션(…) 버튼을 클릭하면 이미지로 저장하거나 바로 볼 수 있는 링크 주소를 복사하여 다른 사람에게 전달할 수 있다.

프레임을 사용하면 프레젠테이션 모드로도 볼 수 있다. 화면 왼쪽 아래 프레젠테이션 모드 아이콘을 클릭하면 프레임을 파워포인트 슬라이드처럼 인식하여 프레임 별로 이동할 수 있다. Present 버튼을 누르면 해당 프레임만 프레젠트 할 수 있다.

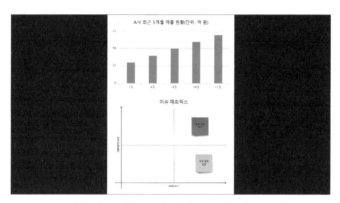

Miro는 파워포인트 슬라이드쇼처럼 프레젠트 할 수 있는 기능을 제공한다.

리더가 Miro로 할 수 있는 일 4가지

Miro를 사용하면 간단한 미팅에서부터 1박2일 전략 워크숍까지 할 수 있다. 유료 버전을 사용하면 Miro 안에서 화상회의를 할 수 있고 참가자의 마우스 커서 위치가 그대로 보이므로 마치 오프라인 회의실에서 실제로 회의하는 듯한 느낌이 든다.

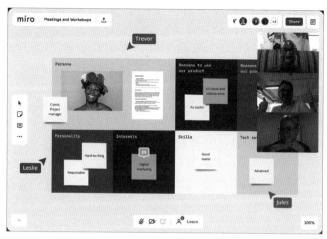

Miro와 같은 화이트보드 툴은 구성원의 마우스 움직임을 보여주거나 화상회의를 하는 기능을 제공한다.

Miro는 구성원과 아이디어를 도출하고 브레인스토밍을 하기에도 좋은 툴이다. 포스트잇을 추가하면서 아이디어를 제시하고 투표나 화살표 기능을 사용하여 아이디어를 수렴하거나 연결할 수 있다.

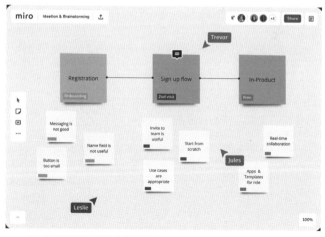

Miro를 사용하면 간단한 아이디어 수집에서부터 심도 있는 토론까지 가능하다.

Miro를 사용하면 애자일 프랙티스를 쉽게 시도할 수 있다. 칸반, 회고, 데일리 스탠드 미팅, 스프린트 등 다양한 애자일 프레임워크가 템플릿으로 만들어져 있으므로 클릭 몇 번으로 애자일을 시작할 수 있다.

또한 구성원과 일정을 같이 계획할 수 있다. 개인들의 일정을 한 화면에 같이 구성할 수 있어서 일정 중복확인과 협업에 도움이 된다.

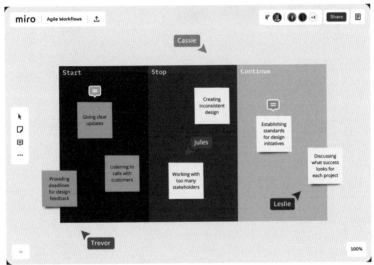

Miro에서도 칸반을 할 수 있다. 다만 칸반을 제대로 하려면 Trello를 쓰는 것을 권장한다.

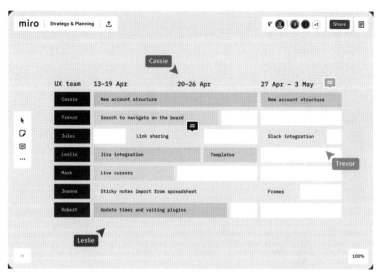

Miro의 가장 큰 특징은 이런 다양한 업무 관리를 화이트보드 하나에서 다 할 수 있다는 것이다.

O N T A C T

LEADERSHIP

PART 4

작지만 차이를 만드는
유틸 5선

01

화면 확대, 체크,
화이트보드를 동시에, Zoomit

 레이저 포인터보다 100배 좋은 툴

오프라인 회의에서 파워포인트 내용을 빔으로 스크린에 쏘면서 회의할 때 흔히 레이저 포인터를 사용한다. 스크린에 내용이 많을 때 특정 문구를 레이저로 가리키며 얘기해야 서로 혼선을 줄이고 제대로 소통할 수 있기 때문이다.

그러나 화상회의에서는 레이저 포인터가 쓸모없다. 자기 PC에 레이저를 쏘아도 다른 사람 PC에서는 보이지 않기 때문이다. 그래서 보통 마우스 커서를 이용해서 화면의 특정 영역을 가리키곤 하는데 마우스 커서가 작아서 잘 보이지 않는다.

그런데 마우스 커서보다 100배 좋은 무료 툴이 있다. 단순히 특정 위치를 가리키는 것뿐 아니라 화면에 체크하고 그림을 그리고 화면을 확

대하고 심지어 화이트보드처럼 만드는 기능이 통합된 완전 무료 툴이
다. 마이크로소프트 사도 추천하는 툴 Zoomit이다.

주의! Zoomit은 윈도우 OS에서만 작동한다.

Zoomit 내려 받기와 실행하기

Zoomit은 마이크로소프트 사의 추천 페이지에서 내려 받을 수 있다. 주
소는 다음과 같다.

https://docs.microsoft.com/ko-kr/sysinternals/downloads/Zoomit

내려 받은 파일은 압축 파일이므로 알집 등을 이용하여 압축을 풀어
야 한다. 그러면 여러 실행 파일이 나타나는데, 이 중에서 Zoomit.exe 파
일을 더블 클릭하여 실행한다. Zoomit은 설치형 프로그램이 아니므로
따로 설치하는 작업이 없이 바로 실행한다. 윈도우 작업창 트레이에 돋
보기 모양의 Zoomit 아이콘이 생겼으면 실행된 것이다.

Zoomit은 설치 프로그램이 아니므로 사용할 때마다 실행해야 한다.

Tip 만약 윈도우 트레이에 아이콘이 나타나지 않거나 64비트
컴퓨터면 Zoomit64.exe 파일을 실행하자.

화면 확대와 축소하기

Zoomit의 첫 번째 기능인 화면 확대와 축소 기능을 사용해보자. Zoomit
은 단축키를 사용하는데 화면 확대와 축소 기능은 Ctrl 키를 누른 상태에
서 숫자 1을 누르면 된다. 그러면 바로 화면이 2배로 확대된다.

마우스 휠을 돌리면 더 확대되거나 축소되며, 마우스를 움직이면 화
면이 확대된 상태에서 마우스를 따라 움직이다. 마우스 왼쪽 버튼을 누
르면 화면이 확대된 상태에서 그림을 그릴 수 있다. 기능을 중지하려면
Esc 키를 누르거나 마우스 오른쪽 버튼을 클릭한다.

- **화면 확대 작동** Ctrl + 1

- **화면 확대와 축소** 마우스 휠 회전

- **화면 이동** 마우스 드래그

- **기능 중지** Esc, 또는 마우스 오른쪽 버튼

화면에 그림 그리기

Zoomit의 두 번째 기능은 화면에 표시를 하거나 그림을 그리는 기능이
다. 단축키는 Ctrl + 2 이며 단축키를 누르는 순간 마우스 커서가 빨간색
점으로 바뀐다. 마우스 왼쪽 버튼을 누른 상태로 마우스를 드래그 하면
빨간색 그림을 그릴 수 있다. 특정 영역을 체크할 때 유용한다.

색깔을 바꾸려면 컬러의 영어 이름 첫 철자 키인 B, G, R, Y, O, P 등을
누르면 된다. 선 굵기를 바꾸려면 Ctrl 키를 누른 상태에서 마우스 휠을

돌리면 된다. 원, 사각형, 화살표도 기능 키를 이용하여 그릴 수 있고 저장도 된다. 배경을 화이트보드나 블랙보드로 바꿀 수도 있다. 다음 단축키를 참고하자.

- **그림 그리기 작동** : Ctrl + 2

- **컬러 바꾸기** R, B, Y, G, O, P

- **선 굵기 바꾸기** Ctrl + 마우스 휠 회전

- **글자(영어) 입력** T

- **글자 크기 바꾸기** 텍스트 입력 상태에서 마우스 휠

- **직선 긋기** Shift + 마우스 왼쪽 버튼 드래그

- **화살표 그리기** Ctrl + Shift + 마우스 왼쪽 버튼 드래그

- **원 그리기** Tab + 마우스 왼쪽 버튼 드래그

- **사각형 그리기** Ctrl + 마우스 왼쪽 버튼 드래그

- **이전 그림 삭제하기** Ctrl + Z

- **모두 삭제하기** Ctrl + E

- **그림 복사하기** Ctrl + C

- **그림 저장하기** Ctrl + S

- **배경을 화이트보드 만들기** W

- **배경을 블랙보드로 만들기** K

- **기능 중지** Esc, 또는 마우스 오른쪽 버튼

타이머 사용하기

Zoomit의 세 번째 기능은 타이머다. 회의할 때 발표자별로 발표 시간을 지정하거나 할 때 타이머를 쉽게 사용할 수 있다. Zoomit이 실행된 상태에서 Ctrl + 3 을 누르면 화면이 어두워지며 1분 타이머가 자동으로 시작한다. 마우스 휠을 돌리면 분 단위로 시간을 조절할 수 있다.

- **타이머 작동** Ctrl + 3

- **타이머 분 변경** 마우스 휠 회전

- **기능 중지** Esc, 또는 마우스 오른쪽 버튼

마우스 휠을 돌리면 분 단위로 타이머를 바꿀 수 있다.

배경을 바꾸거나 타이머 위치를 옮기거나 타이머가 종료할 때 소리를 내게 하는 등은 옵션에서 설정할 수 있다. 옵션 설정을 하려면 윈도우 트레이에서 Zoomit 아이콘에 마우스 커서를 대고 마우스 오른쪽 버튼을 누르면 나타나는 메뉴에서 Options를 클릭해야 한다. 옵션 화면에서 5개 탭 중 맨 끝에 있는 Break 탭을 선택하면 타이머를 설정할 수 있다. 더 많은 설정을 보려면 Advanced 버튼을 클릭한다.

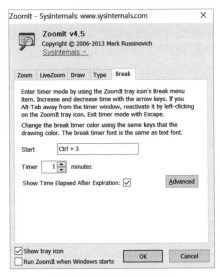

설정 화면은 탭 5개로 구성되어 있다.

Advanced 대화상자에서는 타이머 종료 시 알림 소리 여부와 소리 종류, 타이머의 크기와 위치, 배경화면 등을 설정할 수 있다.

- **Play Sound on Expiration** 타이머 종료 시 소리 출력 여부 결정 (체크 시 소리 출력)

- **Alarm Sound** 소리 파일 선택

- **Timer** 타이머 숫자 크기와 위치 선택

- **Show Background bitmap** 배경 화면으로 무엇을 보여줄 것인지 선택(체크를 하지 않으면 하얀 바탕에서 타이머 작동)

- **Use Faded desktop as background** 원래 화면을 약간 어둡게 처리하여 보여줌

- **Use image file as background** 특정 배경 이미지 선택

- **Scale to screen** 특정 배경 이미지 선택 시 이미지 크기를 화면 크기로 자동 조절

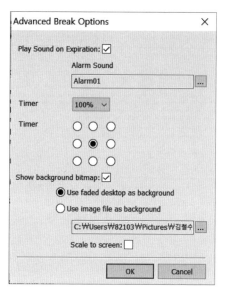

타이머 고급 설정에서 타이머 위치나 배경 사진 등을 설정할 수 있다.

주의! Zoomit은 화면(=디스플레이 화면)을 확대하거나, 화면에 그림을 그리거나 하기 때문에, 화상회의에서 반드시 '화면'을 공유해야만 구성원이 볼 수 있다. 만약 화상회의에서 프레젠테이션 파일이나 특정 윈도우 창을 공유하면 구성원은 Zoomit의 작동을 볼 수 없다.

02

고객과 온라인에서 미팅할 때 잡음을 줄이는 Krisp

 시끄러운 카페에서도 조용한 스튜디오에 있는 것처럼

리더가 고객과 화상회의를 할 때 가장 어려운 점 하나가 잡음이다. 특히 집에서 고객과 화상회의를 하는데 갑자기 강아지가 짖거나, 나도 모르게 책상을 딱딱 두드리거나, 의자 끄는 소리라도 크게 나면 고객에게 실례가 된다.

이때 필요한 것이 잡음을 줄이는 애플리케이션인 Krisp다. Krisp는 마이크에 들어가는 소리에서 내 목소리를 빼고 나머지는 잡음으로 처리한다. 또한 상대방 소리에서도 잡음을 없앨 수 있어서 고객과 화상회의를 할 때 필수 애플리케이션이다.

Krisp를 이용하면 집에서 TV를 틀어 놓고도 고객과 화상회의를 할 수 있을 정도로 잡음을 없앤다. 심지어 음악 소리와 주변 대화로 시끄러운 카페에서 화상회의를 할 때도 Krisp를 사용하면 마치 스튜디오에 있는 것처럼 조용히 상대방과 대화할 수 있다.

Krisp 회원가입과 애플리케이션 설치

Krisp를 사용하려면 홈페이지https://krisp.ai/에서 이메일이나 구글 계정으로 가입한 뒤 프로그램을 내려 받아 설치해야 한다.

> **Tip** 무료로 120분을 사용할 수 있다. 유료 버전은 월 3.33US$이며 시간 제한 없이 사용할 수 있다.

회원가입을 완료하면 팀을 설정하는 것이 있는데 크게 중요한 것은 아니니 대강 입력하고 넘어가자. 회원가입이 끝나면 윈도우, 또는 맥 용 애플리케이션을 내려 받은 뒤 설치한다. 설치 과정에는 특별한 것이 없다.

설치를 완료하면 자동으로 실행되어 바탕화면 오른쪽 아래에 실행 화

Krisp 데스크톱 로그인 화면이지만 홈페이지 로그인과 연동된다.

면이 나타난다. 여기서 Sign in / Sign up 버튼을 클릭하면 브라우저를 열어서 로그인을 확인한 다음 바로 애플리케이션에서 자동 로그인이 된다.

　로그인에 성공하면 Krisp가 기본 마이크와 기본 스피커를 선택한 상태로 준비를 완료한다. 만약 다른 마이크나 다른 스피커를 사용한다면 목록을 클릭하여 원하는 디바이스를 선택한다. Remove Noise가 활성화되어야 Krisp가 작동한다. Remove Noise를 활성화하지 않으면 잡음을 없애지 않고 그대로 전달한다.

Remove Noise 활성화 여부를 꼭 확인해야 한다.

화상회의 툴에서 Krisp 사용하기

이제 화상회의 툴에서 Krisp를 사용하여 잡음을 없애 보자. 우선 Krisp가 실행된 상태에서 ZOOM 등 화상회의 툴을 실행한다. 모든 화상회의 툴은 오디오 설정에서 마이크와 스피커 장치를 선택할 수 있는데, 여기에서 기존 장치 대신 Krisp를 선택한다.

ZOOM에서 오디오 선택에 Krisp가 나와야 정상이다.

오디오 설정을 했으면 ZOOM 창 오디오 설정에 Krisp가 선택되어 작

동하는 것을 볼 수 있다.

03

TPO에 어울리는 ASMR을 들려줄 때는 Noisli

 여러 가지 소리를 조합할 수 있는 Noisli

오프라인에서 회의를 할 때 리더든 구성원이든 다들 적막이 감도는 아주 조용한 환경에서 회의해야 한다고들 생각한다. 하지만 실제로는 시끄러운 탕비실이나 카페, 심지어 길거리에서 회의하기도 한다. 또 공원이나 계곡에 가서 물소리 새소리를 들으며 워크숍을 하기도 한다. 화상 회의에서도 이런 느낌의 회의를 하고 싶을 때가 있다.

아침 일찍 온라인으로 회의한다면 새소리를 들으면서 회의를 시작하면 어떨까? 밖에 가을비가 온다면 비 오는 소리를 들으며 회의를 하면 어떨까? 더운 날이라면 시원한 바람 소리와 함께 하면 어떨까?

업무나 공부에 사용하는 다양한 효과음을 제공하는 Noisli를 사용하면 회의의 시간, 장소, 상황에 적합한 ASMRAutonomous Sensory Meridian Response

을 만들 수 있다. ASMR은 뇌를 자극하여 안정을 취하게 만드는 영상이나 소리를 뜻하는데, 유튜브 등에 많이 있으나 광고나 성능을 고려하면 Noisli를 추천한다.

회원가입하고 바로 들어보기

Noisli 회원가입은 홈페이지(https://www.noisli.com/)에서 이메일 또는 구글 계정으로 바로 할 수 있다. 회원가입을 완료하면 바로 플레이리스트 화면으로 이동하며 튜토리얼 대화상자가 나타난다. 튜토리얼 대화상자에서 맨 아래 Leave Tutorial을 클릭하면 튜토리얼을 중단하고 바로 사용할 수 있다.

Noisli와 같은 툴 사용이 익숙하지 않다면 튜토리얼을 보며 따라해 보는 것이 좋다.

　플레이리스트에서 Productivity를 클릭하면 바로 배경음이 재생하여 스피커로 들린다. 만약 소리가 들리지 않으면 스피커를 켰는지 볼륨을 높였는지 브라우저에서 소리를 켰는지 확인한다. Productivity 아래에 있는 Next를 클릭하면 다음 조합을 들려준다.

조합은 빗소리, 천둥소리, 바람 소리, 나뭇잎 소리 등 다양한 소리를 섞는 것이다. 소리 아이콘을 클릭하면 재생을 시작하며 볼륨을 조절하여 소리를 섞을 수 있다. 이렇게 만든 소리는 Save를 클릭하여 저장할 수 있다.

다양한 자연의 소리를 조합하여 TPO에 적합한 소리 구성을 만들 수 있다.

내 소리를 저장하면 Favorites에 목록이 나타나며, 해당 목록을 클릭하면 자동으로 재생한다. 화면 가운데 위에는 타이머와 일시 중지 버튼이 있다. 화면 오른쪽 위에서 볼륨을 조절하거나 개인 설정을 할 수 있다.

내가 만든 소리 조합을 저장하여 언제든 재생할 수 있다.

화상회의에서 사용하기

이제 화상회의에서 Noisli를 사용해 보자. Noisli는 별도 스피커 장치를 사용하는 것이 아니라 브라우저에서 오디오를 출력하는 방식이다. 즉, 컴퓨터에서 나는 소리일 뿐이므로 화상회의 툴에서 사용할 때는 컴퓨터 소리만 공유하면 된다.

ZOOM을 사용한다면 화면 공유 대화상자에서 고급 탭에 있는 "컴퓨터 소리만"을 선택하여 공유한다. 만약 다른 화면을 공유 중이라면 왼쪽 아래에 있는 "컴퓨터 소리 공유"를 체크한다.

Noisli에서 나는 소리는 컴퓨터 소리이므로 화상회의에서 컴퓨터 소리를 공유하면 된다.

주의! 컴퓨터 소리를 공유할 때 내가 듣는 컴퓨터 소리 볼륨과 화상회의 툴로 소리를 전달받는 구성원이 듣는 소리 볼륨은 차이가 날 수밖에 없다. 특히 마이크로 전달되는 내 음성과 컴퓨터 소리로 공유되는 배경음의 볼륨이 적절해야 하므로 보조 PC나 스마트폰을 이용하여 구성원으로 입장해서 볼륨을 확인하고 사용하는 것이 좋다.

중요한 회의 중 불필요한 앱을 정지하는 Freedom

 실행 중인 앱을 한 번에 닫는 툴

화상회의에서 화면이나 컴퓨터 오디오를 공유할 때 카카오톡이나 아웃룩이 알림을 보내거나, 미처 닫지 않은 애플리케이션이 실행되는 경우가 있다. 상사에게 보고하거나 고객과 중요한 협의를 하는 중이라면 이런 애플리케이션 때문에 주의가 흐트러지거나 상대에게 보이지 말아야 할 것을 보이게 하는 실수를 저지를 수 있다.

Freedom은 원래 업무 중에 불필요한 애플리케이션을 쓰지 못하게 하거나 업무와 무관한 웹사이트에 접속하지 않게 해서 스스로 업무에 집중하도록 만든 툴이다. 이 툴을 이용하면 중요한 화상회의를 할 때 관련 없는 애플리케이션이 작동하지 않게 막을 수 있다.

프로그램 설치와 주요 메뉴 익히기

Freedom 홈페이지https://freedom.to/에서 회원가입을 완료하고 프로그램을 내려 받아 설치한 뒤 로그인한다. 그러면 특별한 변화가 없이 윈도우 트레이에 나비 모양 아이콘이 생기며, 아이콘을 클릭하여 시작하거나 설정할 수 있다.

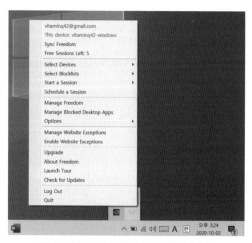

메뉴가 굉장히 많지만 주로 쓰는 것은 한 두가지다.

다음은 주요 메뉴에 대한 설명이다.

- **Sync Freedom** Freedom 웹사이트와 애플리케이션 설정의 싱크를 맞춘다.

- **Free Sessions Left** 무료로 쓸 수 있는 세션의 개수이다. 세션은 Freedom을 한 번 작동하는 것을 의미한다.

- **Select Devices** 여러 디바이스에 Freedom을 설치했을 때 한번에 실행할 수 있다.

- **Select Blocklists** 실행이나 접속을 막을 애플리케이션과 웹사이트를 선택한다. 실

제 세부 애플리케이션 설정은 아래에 나오는 Manage Freedom과 Manage Blocked Desktop Apps에서 한다.

- **Start a Session** 세션을 시작한다. 세션의 시간을 설정할 수 있다.

- **Schedule a Session** 중요한 회의가 있다면 미리 Freedom 세션 시작을 예약할 수 있다. Freedom 웹사이트에서 세부 내용을 설정한다.

- **Manage Freedom** 접속을 막을 대상과 웹사이트 목록을 선택하거나 추가할 수 있다. Freedom 웹사이트에서 세부 내용을 설정한다.

- **Manage Blocked Desktop Apps** 내 컴퓨터에 설치된 애플리케이션 중에서 실행을 중지할 애플리케이션을 선택한다. 여기서 한번 선택하면 이후 세션에도 자동으로 반영된다.

중요한 회의 직전에 실행하기

기본 설정을 완료했다면 Freedom 프로그램에서 Start a Session을 눌러 세션을 시작한다. 이때 블록 처리된 애플리케이션이 있다면 자동으로 완전 종료된다.

세션 시작은 웹페이지에서도 할 수 있다. Freedom 홈페이지에 접속하면 로그인이 되었다면 자동으로 대시보드 화면으로 이동한다. 대시보드 화면에서 My Sessions 영역에서 시간을 정하고 Start 버튼을 누르면 된다. 이때 실행이나 접속을 막을 애플리케이션과 웹사이트를 선택하고 디바이스를 선택한다. 만약 웹사이트를 추가하고자 한다면 My Blocklists에서 사이트 URL을 입력하고 Add site 버튼을 누른다.

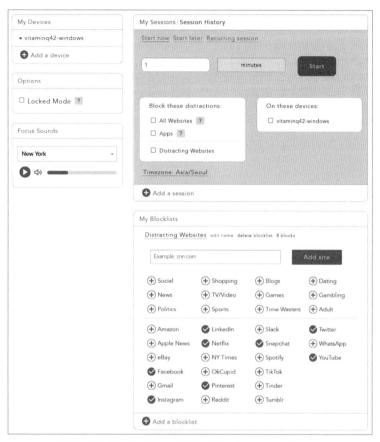

화상회의 중에 작동이나 접속을 막아야 하는 앱이나 웹사이트를 지정할 수 있다.

구성원 모두와
개별 일정을 잡을 때는 Calendly

 여러 사람과 개별 일정을 잡을 때 쓰는 툴

리더가 되면 구성원과 MBO 설정, 연봉 협상, 개인 코칭, 개인 상담, 점심 약속 등 개별 미팅을 할 일이 많다. 그런데 구성원이 열 명 스무 명 넘어가면 일정 잡기가 힘들다. 이때 쓸 수 있는 툴이 Calendly이다.

Calendly는 메신저나 메일을 사용하지 않고 웹 링크만으로 일정을 잡을 수 있다. 리더가 구성원과 미팅할 수 있는 빈 시간을 지정한 뒤 웹 링크를 구성원에게 알려주기면 하면 된다. 구성원은 링크에서 빈 시간을 보면서 자기 일정을 고려하여 선택한다.

구성원이 일정을 선택하면 자동으로 리더의 구글 캘린더 등 연동한 캘린더에 일정이 저장된다. 물론 Calendly 사이트에서도 확인할 수 있다.

회원가입과 환경 설정하기

Calendly 홈페이지https://calendly.com/에서 회원가입은 이메일로 할 수 있다. 인증 메일이 오면 클릭하여 여러 정보를 입력한다. 메일 인증을 완료하면 내 Calendly URL을 만들고 표준 시간을 설정한다. Calendly URL을 만드는 이유는 앞으로 구성원에게 알려줄 웹 링크가 이 URL을 기본으로 만들어지기 때문이다.

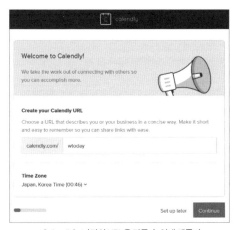

Calendly는 나만의 URL을 만들 수 있게 해준다.

다음은 기존에 사용하는 캘린더를 연동하는 단계다. 여기서 평소 사용하는 캘린더를 선택하여 인증 단계를 거치면 연동할 수 있다.

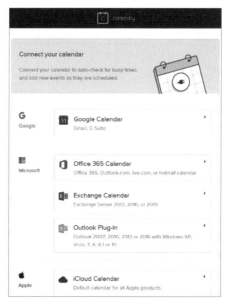

평소 사용하는 캘린더와 연동할 수 있다.

캘린더 연동을 완료하면 표준 업무 시간을 설정한다. 야근이나 주말

근무가 많더라도 여기서는 표준 업무 시간만 설정하는 것이 좋다.

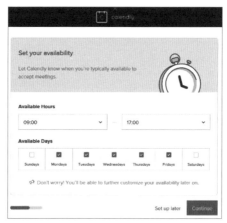

표준 업무 시간을 설정하면 이 시간 내에서만 약속을 잡을 수 있다.

구성원과 일정 잡기(예시: 면담 일정)

회원가입과 환경 설정을 완료하면 대시보드로 바로 이동한다. 대시보드 에는 3가지 탭 메뉴가 있다.

- **Event Types** 일정을 잡기 위한 이벤트 생성 화면
- **Scheduled Events** 일정이 잡힌 이벤트 목록 화면
- **Workflows** 자동으로 이메일을 보내는 등 자동화 생성 화면

Event Types 화면이 기본으로 보이며, 여기서 먼저 이벤트 타입을 만 든다. 이미 있는 이벤트 목록은 탬플릿처럼 만들어져 있는 것이므로 일 단은 무시하고 오른쪽에 있는 New Event Type을 클릭한다.

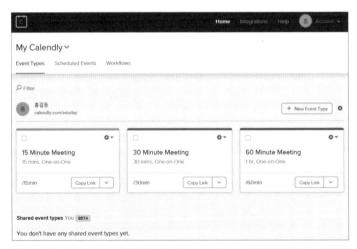

대시보드에는 15분, 30분, 60분 회의 탬플릿이 있지만 무시하고 새 이벤트 타입을 만드는 것이 좋다

이벤트 타입은 크게 두 가지 종류가 있다.

- **One-on-One** 구성원 한 명과 일정을 잡을 때 사용
- **Group** 구성원 여러 명과 일정을 잡을 때 사용

여기서는 구성원 여러 명과 면담 일정을 잡아야 하므로 Group으로 만든다. Group 오른쪽 끝에 있는 Create를 클릭한다.

구성원 여러 명과 일정을 잡을 때는 Group을 선택해야 한다.

이벤트 타입을 정의하는 화면으로 넘어오면 각 항목에 내용을 입력한다.

- **Event name** 이벤트 이름을 입력한다. 예를 들어 "2020년 하반기 팀원 면담"으로 입력한다. 구성원이 어떤 일정인지 이해할 수 있는 이름으로 적는 것이 좋다.
- **Location** 이벤트를 하는 장소를 입력한다. 오프라인을 선택할 수도 있으며, ZOOM과 같은 특정 애플리케이션을 선택할 때는 해당 애플리케이션과 연동이 먼저 되어

있어야 한다.

- **Description/Instructions** 이벤트 세부 내용이나 사전 준비 사항을 입력한다. 면담을
하는 목적이나 면담하기 전에 구성원이 준비할 내용을 적는다.

- **Event link** 웹 링크를 직접 만든다. 예를 들어 "2020_team_review" 등 원하는 대로 작
성한다. 영어 소문자와 숫자, 몇 가지 특수기호만 입력할 수 있다.

- **Max invitees in a spot** 최대 구성원 수를 입력한다.

다 입력했으면 오른쪽 아래 Next를 클릭한다.

이벤트 내용을 입력하면 해당 내용이 구성원에게 보여진다.

이제 면담 일정을 설정하는 단계이다. 화면이 다소 복잡해 보이지만
항목을 하나씩 보면 금방 이해할 수 있다.

- **Event Duration** 이벤트로 예정한 시간이다. 구성원 1명과 면담하는 시간이며 최소 1분에서 12시간까지 설정할 수 있다. 면담 시간을 30분으로 하겠다면 30min을 선택한다.

- **Date Range** 구성원과 면담을 완료해야 하는 기한을 설정한다. 따로 설정하지 않으면 구성원은 오늘부터 60 영업일까지 일정 중에서 선택할 수 있다. Edit를 누르면 기한을 설정할 수 있다.

- **Availability** 기한을 정했으면 시간대를 정하는 단계이다. 각 일자 칸을 클릭하면 면담 가능 시간을 조절할 수 있다.

다 입력했으면 오른쪽 아래 Next를 클릭한다.

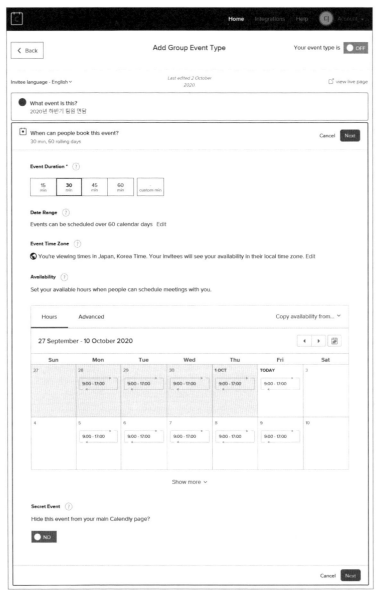

내용이 복잡해 보이지만 자세히 보면 시간을 배정하는 것임을 알 수 있다.

여기까지 하면 기본 이벤트 설정은 다 한 셈이다. 화면 한 가운데에 이 이벤트 타입의 웹 링크가 나타난다. 이 링크를 구성원에게 알려주고 면담 일정을 선택하라고 하면 된다. 그 밑에 추가 옵션의 내용은 다음과 같다.

- **Invitee Questions** 구성원이 일정을 선택한 다음 필수로 입력해야 하는 항목(이름이나 이메일, 또는 질문 등)을 정한다.
- **Notifications and Cancellation Policy** 이메일로 컨펌할 것인지, 취소 메일을 받을 것인지 등을 설정한다.
- **Confirmation Page** 구성원이 일정을 선택했을 때 특정 웹 페이지로 보내고 싶을 때 사용한다.

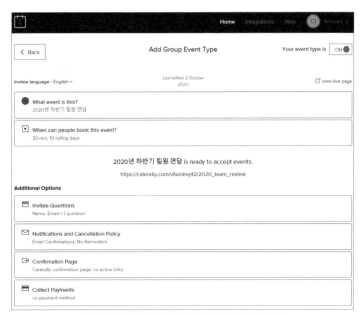

구성원에게는 화면 가운데에 나타난 URL을 알려주면 된다.

구성원이 면담 일시 선택하기

리더가 알려준 웹 URL로 구성원이 접속하면 이벤트 설명과, 선택 가능한 일자가 표시된 달력이 나타난다. 구성원은 내용을 확인하고 원하는 일자를 클릭한다.

리더가 보내준 URL로 접속하면 일정을 잡을 수 있다.

면담 가능한 시각이 나타나면 원하는 시각을 클릭하여 Confirm한다.

원하는 일자를 클릭하면 면담 가능 시간이 나타난다.

마지막으로 리더가 지정한 항목을 입력하고 Schedule Event를 클릭하면 일정 선택이 완료된다. 구성원은 다음 페이지에서 구글 캘린더 등 본인 캘린더에 일정을 추가할 수 있다.

리더가 기입을 원하는 항목을 채우면 리더와 면담 일정 잡기가 완료된다.

구성원이 잡은 일정 확인하기

구성원이 일정을 잡고 나면 리더의 Calendly 대시보드의 Scheduled Events에서 일정을 확인할 수 있다. 각 일정의 오른쪽 끝에 있는 Details를 누르면 일정의 세부 내용을 볼 수 있으며, 일정을 다시 잡거나 할 수 있다.

리더는 Scheduled Events 화면에서 구성원이 선택한 면담 일정을 볼 수 있다.

만약 구글 캘린더 등과 연동을 했다면 다음 그림처럼 자동으로 캘린더에 등록이 된다.

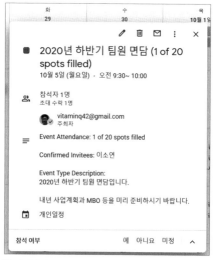

리더가 처음에 캘린더를 연동했다면 자동으로 해당 캘린더에 일정이 추가된다.

우리는 새로운 리더십을 온On+溫택트 리더십으로 정의하고 개발했다. 리더는 언제 어디서나 온라인Online에 접속하여 다양한 기법과 디지털 도구를 활용함으로써 구성원의 참여와 소통과 성과를 이끄는 따뜻한溫 리더십을 발휘해야 한다. 리더가 이러한 온택트 리더십을 발휘하려면 온라인 회의 역량, 온라인 협업 역량, 온라인 면담 역량을 가져야 한다.

우리는 이 세 가지 역량을 3권으로 나눠 출간하고자 한다. 구성원의 참여를 이끄는 온라인 회의를 주제로 다룬 이 책이 그 시리즈의 첫 번째 시작이다. 두 번째 책은 구성원간의 소통을 이끄는 온라인 협업을, 세 번째 책은 구성원과 팀의 성과를 이끄는 온라인 면담을 다룰 예정이다.

앞으로 우리가 제시하는 생각과 아이디어가 정답이 아닐지도 모른다. 하지만 지금은 어차피 정답이 없는 시대다. 우리는 정답이 없을 때 먼저 시도하여Try 실패하고Fail, 거기서 교훈을 얻어Learn 성장해야 한다고 생각한다. 이 책은 이런 우리의 신념과 실천의 결과물이다.

당신은 어떻게 할 것인가? 불확실성과 모호함을 핑계로 과거에 머물며 뒤쳐질 것인가? 아니면 코로나와 디지털 시대를 인정하고 남들보다 먼저 도전하며 앞으로 나아갈 것인가? 선택은 당신의 몫이다.

온(on+溫)택트 리더십
★ ★ ★

구성원의 참여를 이끄는 온라인 회의	구성원 간의 소통을 이끄는 온라인 협업	구성원과 팀의 성과를 이끄는 온라인 면담
∘ On-Care&Consideration ∘ On-Empowerment ∘ On-Facilitation	∘ On-Emphasis ∘ On-Communication ∘ On-Collaboration	∘ On-Coaching ∘ On-Management ∘ On-Change
∘ 온라인 회의 기술 ∘ 트러블 슈팅 ∘ 온라인 퍼실리테이션 툴 ∘ 디지털 유틸리티	∘ 온라인 협업 기술 ∘ 대시보드와 시각화 ∘ 온라인 협업 툴 ∘ 디지털 오토메이션	∘ 온라인 코칭 기술 ∘ 데이터 분석 ∘ 온라인 면담 툴 ∘ 디지털 매니지먼트

참 고 문 헌

1   머니투데이, '코로나19' 출퇴근 법칙 깨졌다…"사무실 나오지 마라", 2020.02.24.

2   kotra해외시장뉴스, 트렌드, 경제재개 시동건 미국, 근무방식 이렇게 바뀐다, 2020.05.25

3   오피니언, [이형석의 창업의 비밀]원격근무효과, 2020.06.08.

4   데일리안, 코로나19발 재택근무·화상회의 '만족'…지속시행은 '곤란', 2020.06.30/미디어SR, 비
    대면업무 80%만족…회사측 "확대는 부담", 2020.06.30.

5   대한전문건설신문, 서울시설공단 화상회의 1000건 돌파…포스트코로나 시대 대비, 2020.5.21.

6   CISCO, 시스코 차세대 협업 솔루션의 5가지 도입효과, p.3.

7   News1, '재택근무화상회의' 지원할 비대면 서비스 공급기업 359개사 선정, 2020.09.21.

8   매일경제, 대한항공 1500억 '깜짝흑자'…역발상 빛났다, 2020.08.06.

9   세스고딘 〈이카루스 이야기〉중에서, 한국경제신문.

10 MK뉴스, 평사원이 "상무님, 이건 어때요"…화상회의 덕에 이런 토론 가능, 2020.09.18.

11 MK뉴스, 평사원이 "상무님, 이건 어때요"…화상회의 덕에 이런 토론 가능, 2020.09.18.

12 DBR, 15만명의 브레인스토밍 신사업을 창조하다, 2008년 12/22.

13 Ryan, R. M., & Deci, E. L. 2000. Self-determination theory and the facilitation of intrinsic
    motivation, social development, and well-being. American Psychologist, 55, p.68-78.

14 중앙시사매거진, Management, 생산성 수수께끼 구글은 이렇게 풀었다, 201701.23. https://
    jmagazine.joins.com/forbes/view/315273.

15 서기만, 장재현. 2011, 스마트워크, 외부효과에 주목해야, LG Business Insight Weekly포커
    스. P.17-26.

16 하정임, 2020, 글로벌 이슈&리포트, 코로나19이후 디지털화 가속과 원격복합훈련 활용, The
    HRD Review, 9월호,p.166-175.

17 Think with Google, 재택근무 중 소속감을 유지하기 위한 4가지 방법, 2020.06.

18 https://slack.com/intl/ko-kr/blog/collaboration/ultimate-guide-remote-meetings

19 Conger, J. A., & Kanungo, R. N. 1988. The empowerment process: Integrating theory and practice. Academy of Management Review, 3: 471-482.

20 Pullan, P. (2011). 성공적인 가상회의의 7가지 비밀. PMI@Global Congress 2011(EMEA, Dublin, Leinster, Irekand)에서 발표 된 논문, 뉴타운 스퀘어, PA : 프로젝트 관리연구소

21 마이클 무어(Michael Moore, 1993)의 논문 내용을 다음 논문에서 재인용하였다. 임철일·김혜경·김동호(2012), 글로벌 공학교육의 원격화상강의에 대한 학습자 만족도분석, Journal of Engineering Education Research, V15, No. 4, pp. 66~75.

온택트 리더십
리더의 온라인
회의 기술